Wanderführer
Mark Brandenburg/Ost

Die sch[illegible] Wanderungen

- **Rundwanderungen**
- **Streckenwanderungen**

In Zusammenarbeit mit dem
Deutschen Jugendherbergswerk

TEUFEL
STEIN

Kompass Wanderführer

Wanderführer
Mark Brandenburg/Ost

Schorfheide · Chorin · Barnim · Oderbruch · Märkische Schweiz · Schlaubetal · Schenkenländchen · Spreewald

Ausgewählt, begangen, beschrieben
von Manfred Feller

Deutscher Wanderverlag
Dr. Mair & Schnabel & Co. · Stuttgart

wandern+
radwandern

Die große Wanderbuch-Reihe
für grenzenloses Wandern

Gesamte Kartographie:
Mairs Geographischer Verlag
(Generalkarte 1:200 000,
Blätter 31 bis 35)
Ausschnitte bearbeitet von
Ing.-Büro Adolf Benjes
Alle Kartenausschnitte im Maßstab
1:100 000

Übersichtskarten:
Susanne Fickler

Umschlagbild:
Muskauer Park: Altes Schloß und
Ruine des Neuen Schlosses
und Bild auf Seite 2:
Teufelsstein in der Märkischen Schweiz
(*Fotos:* Manfred Feller)

ISBN 3-8134-0294-0

Satz: Steffen Hahn, D-70806 Kornwestheim
Druck: Siegfried Roth, D-73277 Owen/Teck
Printed in Germany

INHALT

Streckenwanderungen

Oberbarnim, Niederoderbruch

Rundwanderungen

Streckenwanderungen

Märkische Schweiz

Rundwanderungen

Berliner Urstromtal, Frankfurter Odertal

Rundwanderungen

Streckenwanderungen

Land Beeskow-Storkow, Schlaubetal

Rundwanderungen

Streckenwanderung

Schenkenländchen

Rundwanderungen

Spreewald, Niederlausitz

Rundwanderungen

Streckenwanderungen

Bilderverzeichnis

Orts- und Sachverzeichnis

mit Nummernangaben der betreffenden Wanderungen.
*Schräg*gedruckte Zahlen weisen auf Kurzbeschreibung im Text hin.

Zu Tour 42 **Stadttor von Mittenwalde** (Foto: Michael Biedowicz)

Greiffenberg
Temmen
Schwedt
Felchow
Kerkow
Hammelspring
Gollin
Friedrichswalde
Angermünde
Krajnik Górny
Hohenkränig
Groß Ziethen
Parsteiner See
Stolpe
Piasek
Peetzig
Chojna
Königsberg
Groß Dölln
Joachimsthal
Spitz-B.
Jagdschloß Hubertusstock
Schorfheide
Parstein
Lunow
Cedynia
Zehden
Groß Schönebeck
Eichhorst
Chorin
Kloster Chorin
Brodowin
Hohensaaten
Britz
Sandkrug
Oderberg
Schiffshebewerk
Osinów
Niederwutzen
Moryń
Mohrin
Hohenwutzen
Niederfinow
Hohenfinow
Siekierki
Zäckerick
Finow
Zerpenschleuse
Marienwerder
Eberswalde
Neurüdnitz
Klosterfelde
Bad Freienwalde
Biesental
Wandlitz
Lanke
Heckelberg
Wollenberg
Wriezen
Neulewin
Grüntal
Oderbruch
Leuenberg
Tiefensee
Sternebeck
Neutrebbin
Bernau
Barnim
Schönwalde
Altfriedland
Werneuchen
Prötzel
Reichenberg
Seefeld
Blumberg
Altlandsberg
Märkische Schweiz
Strausberg
Buckow
Gusow
Seelow
Diedersdorf
Pankow
BERLIN
Neuenhagen
Petershagen
Hennickendorf
Müncheberg
Jahnsfelde
Herzfelde
Hoppegarten
Heinersdorf
Schöneiche
Rüdersdorf
Rahnsdorf
Beerfelde
Tempelhof
Köpenick
Grünheide
Steinhöfel
Müggelberge
Erkner
Hangelsberg
Müggelheim
Lichtenrade
Eichwalde
Neu-Zittau
Fürstenwalde
Berkenbrück
Briesen
Spreenhagen
Markgrafpieske
Großbeeren
Niederlehme
Rauensche Berge
Dahlewitz
Bad Saarow-Pieskow
Königs Wusterhausen
Friedersdorf
Pfaffendorf
Rangsdorf
Dabendorf
Bestensee
Storkow
Scharmützelsee
Mittenwalde
Wendisch Rietz
Lindenberg
Spree
Zossen
Motzen
Prieros
Selchow
Gr. Köris
Kehrigk
Ahrensdorf
Wünsdorf
Töpchin
Kossenblatt
Klausdorf
Teupitz
Halbe
Märkisch Buchholz
Alt Schadow
Sabrodt
Kummersdorf-Gut
Neu Lübbenau
Gr. Leuthen
Schwielochsee
Unterspreewald
Krausnick
Staakow
Schlepzig
Baruth
Goyatz
Stülpe
Golmberg
Gr. Leine
Schönwalde
Petkus
Damsdorf
Golßen
Lübben
Neu Zauche

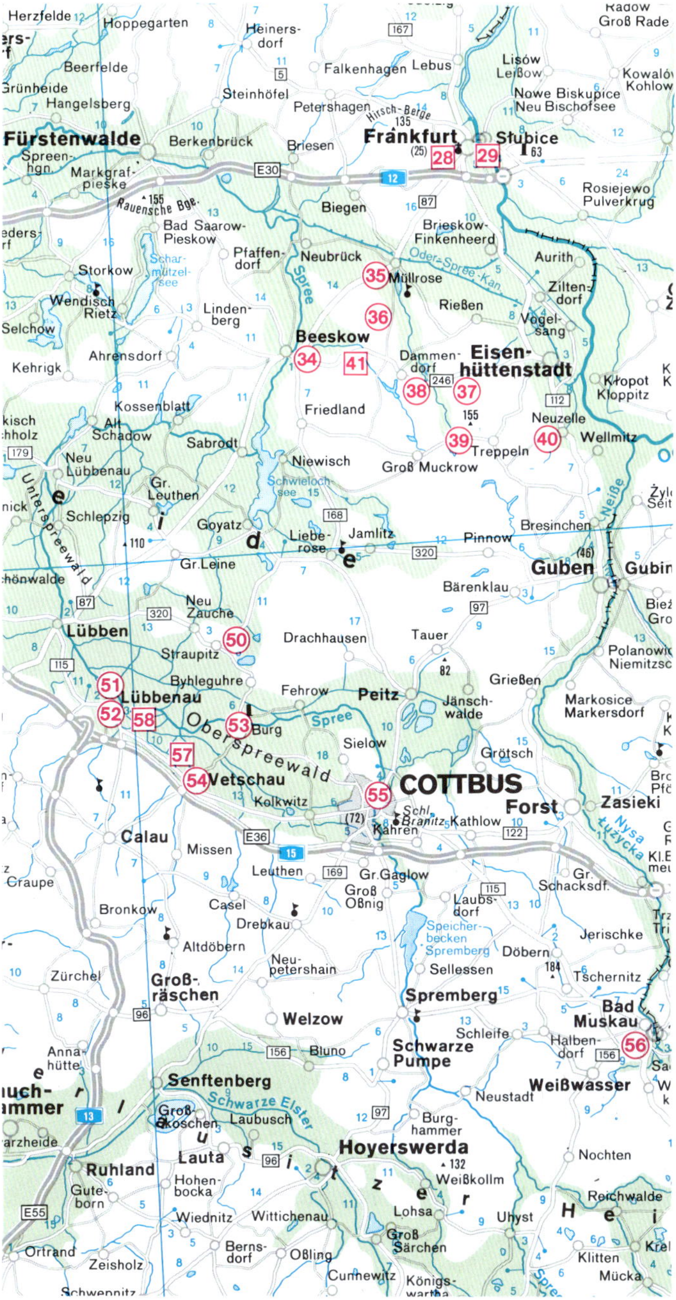
Herzfelde
Hoppegarten
Heinersdorf
Radow
Groß Rade
Beerfelde
Falkenhagen
Lebus
Lisów
Leißow
Kowalów
Kohlow
Grünheide
Steinhöfel
Nowe Biskupice
Neu Bischofsee
Hangelsberg
Petershagen
Hirsch-Berge
135
Fürstenwalde
Berkenbrück
Briesen
Frankfurt
Słubice
Spreenhgn.
Markgrafpieske
E30
Rosiejewo
Pulverkrug
155
Rauensche Bge.
Biegen
Brieskow-Finkenheerd
Bad Saarow-Pieskow
Pfaffendorf
Neubrück
Oder-Spree-Kan.
Aurith
Storkow
Scharmützelsee
Müllrose
Ziltendorf
Wendisch Rietz
Spree
Rießen
Selchow
Lindenberg
Vogelsang
Beeskow
Ahrensdorf
Dammendorf
Eisenhüttenstadt
Kehrigk
Kłopot
Kloppitz
Friedland
Kossenblatt
Neuzelle
Alt Schadow
Sabrodt
Treppeln
Wellmitz
Neu Lübbenau
Niewisch
Groß Muckrow
Schwielochsee
Gr. Leuthen
Unterspreewald
Schlepzig
Goyatz
Jamlitz
Pinnow
Bresinchen
Neiße
Lieberose
110
Gr.Leine
Guben
Gubin
Bärenklau
Neu Zauche
Lübben
Drachhausen
Tauer
Straupitz
82
Polanowice
Niemitzsch
Byhleguhre
Fehrow
Peitz
Grießen
Jänschwalde
Markosice
Markersdorf
Lübbenau
Burg
Oberspreewald
Sielow
Grötsch
Vetschau
COTTBUS
Forst
Zasieki
Kolkwitz
Schl. Branitz
Kathlow
Kahren
Nysa Łużycka
Calau
Missen
E36
Gr.Gaglow
Leuthen
Groß Oßnig
Gr. Schacksdf.
Craupe
Laubsdorf
Casel
Bronkow
Drebkau
Speicherbecken Spremberg
Jerischke
Altdöbern
Döbern
Neupetershain
Sellessen
184
Tschernitz
Zürchel
Großräschen
Spremberg
Welzow
Bad Muskau
Schleife
Annahütte
Bluno
Schwarze Pumpe
Halbendorf
Senftenberg
Weißwasser
Neustadt
Groß-Koschen
Schwarze Elster
Laubusch
Burghammer
Lauta
Hoyerswerda
Nochten
132
Ruhland
Hohenbocka
Weißkollm
Reichwalde
Guteborn
E55
Wiednitz
Wittichenau
Lohsa
Uhyst
Ortrand
Bernsdorf
Oßling
Groß Särchen
Klitten
Zeisholz
Cunnewitz
Königswartha
Mücka
Schwepnitz
Lausitzer Heide

Vorwort

Die Mark Brandenburg oder »Des Heiligen Römischen Reiches Streusandbüchse« - nach einer mittelalterlichen, spöttischen Bezeichnung - läßt sich nicht in wenigen Tagen kennenlernen. Auch der Alteingesessene wird ständig Neues und Unbekanntes entdecken. Es sind zwar nicht gewaltige Berge, tiefe Schluchten, rauschende Wasserfälle oder altgriechische Ruinenstädte zu denen uns die Ostbrandenburgischen Wanderungen führen, trotzdem ist eine nicht minder reizvolle Landschaft. Man muß nur den guten Willen mitbringen. *Fontane* schreibt:

»Der Reisende in der Mark muß sich ferner mit einer feineren Art von Natur- und Landschaftssinn ausgerüstet fühlen. Es gibt gröbli-

Zu Tour 16, 17, 18 **Jugendherberge Buckow** (Foto: Margit Rössler)

che Augen, die gleich einen Gletscher oder Meeressturm verlangen, um befriedigt zu sein. Diese mögen zu Hause bleiben. Es ist mit der märkischen Natur wie mit manchen Frauen. ›Auch die häßlichste‹ – so sagt das Sprichwort – ›hat immer noch sieben Schönheiten‹. Ganz so ist es mit dem ›Lande zwischen Oder und Elbe‹; wenig Punkte sind so arm, daß sie nicht auch ihre sieben Schönheiten hätten. Man muß sie nur zu finden verstehen. Wer das Auge dafür hat, der wag es und reise«.

Eine Anregung dazu soll der Wanderführer geben. Angefangen vom touristisch attraktiven Gebiet der Müggelberge bis zu dem wenig bekannten Schlaubetal und dem kaum bekannten Teupitzer Hügelland wurden 58 interessante und verschiedenartige Wanderungen ausgewählt. Sie umfassen ein Gebiet von Chorin im Norden bis zum Muskauer Park im Süden, den Müggelbergen im Westen bis zu Lossow an der Oder.

Ein Problem bereitete dabei die Auswahl, denn ohne Schwierigkeiten läßt sich die Anzahl der Wanderungen verdoppeln. Im Vordergrund unserer Auslese stand ein möglichst breites Angebot unter Einbeziehung der mannigfaltigsten Landschaftsformen und der unterschiedlichsten Gebiete. So kann es schon vorkommen, daß der eine oder andere eine liebgewonnene Wanderung vermißt.

Von Jägern, Förstern und Naturschützern wurden gewisse Bedenken gegen eine Veröffentlichung von Wanderrouten geäußert, aber es wird sich nur derjenige für den Schutz des Waldes einsetzen, der ihn kennt und lieben gelernt hat, außerdem verhalten sich die Wanderer rücksichtvoll und diszipliniert.

Lassen wir uns durch die Wanderungen anregen von der Schönheit der märkischen Wälder, den prachtvollen Seen, den aufragenden Endmoränenhügeln, tief eingeschnittenen Trockentälern und beginnen die Wanderungen mit *Fontane*:

»An einem Sommermorgen,
Da nimm den Wanderstab,
Es fallen deine Sorgen
Wie Nebel von dir ab.«

Anmerkungen

Verkehrsmöglichkeiten Sämtliche Routen sind so gelegt, daß sie auch mit öffentlichen Verkehrsmitteln, meist mit der Bahn, gut zu erreichen sind. Bei den Streckenwanderungen läßt sich fast immer der Ausgangspunkt oder das Ziel mit dem Fahrzeug anfahren. Für die Rückfahrt zum Fahrzeug stehen in den angegebenen Fällen öffentliche Verkehrsmittel zur Verfügung.

Bei den Zugverbindungen setzt sich der Trend zu dem Ausbau der Nahverbindungen fort. So sind bereits jetzt einige Ausflugsziele wie die Märkische Schweiz direkt von Berlin zu erreichen. Leider bestehen bei den Busverbindungen gegenwärtig Unklarheiten. In jedem Fall sollten vor der Benutzung von öffentlichen Verkehrsmitteln die entsprechenden Erkundigungen eingeholt werden. Neben den Auskunftsstellen der Reichsbahn kommen in Betracht:

- Barnimer Bus Gesellschaft in Eberswalde Finow, u. a. für Chorin, Eberswalde, Bad Freienwalde,
- Strausberger Verkehrsgesellschaft mbH in Strausberg, u. a. für die Märkische Schweiz, Bad Freienwalde, Fürstenwalde,
- Kraftverkehr Fürstenwalde GmbH, u. a. für Bad Saarow,
- Beeskower Personenverkehrsgesellschaft mbH, u. a. für das Schlaubetal,
- Verkehrsgesellschaft mbH i.G. Königs Wusterhausen, u. a. für Teupitz, Dubrow, Mittenwalde,
- Regionale Verkehrsgesellschaft Luckau, u. a. für den Spreewald.

Wegmarkierung Theoretisch sollte für die vorwiegend noch aus der DDR-Zeit stammenden Markierungen der blaue Balken für einen Hauptwanderweg, der rote für einen Gebietswanderweg, der gelbe für einen regionalen und der grüne für einen örtlichen Wanderweg gelten. In der Praxis wurde dieses Prinzip leider nicht durchgängig eingehalten. Oft verwirren ältere oder verblichene Markierungen die Wegführung. Auch die Entfernungsangaben der Wegweiser sind mit Vorsicht zur Kenntnis zu nehmen.

Tourenlänge Die Tourenlänge ist, obwohl mit dem Schrittzähler bestimmt, naturgemäß nur ein mittlerer Näherungswert. Dabei zählen die in Klammern gesetzten Zwischenwerte immer vom Ausgangspunkt. Bei längeren Wanderungen werden Vorschläge für einen Abbruch unterbreitet.

Wanderzeit Für die meisten Wanderungen wurde eine Marschgeschwindigkeit von 4,5 Kilometer/Stunde zu Grunde gelegt, nur bei komplizierten und steil ansteigenden Routen verringert sich der Wert auf 4 Kilometer/Stunde. Die angeführten Zeiten berücksichtigen weder Verschnaufpausen noch anderweitige Unterbrechungen.

Höhenunterschiede Alle Höhenunterschiede sind aus der Karte entnommene relative An- und Abstiege. Die am Schluß summiert wurden.

Wanderkarte Für das Wandergebiet gibt es noch kein durchgängig einheitliches Material. Soweit vorhanden, haben sich die vom Kartographischen Dienst Potsdam herausgegebenen Karten als

Zu Tour 16 **Wurzelfichte am Sophienfließ in der Märkischen Schweiz**
(Foto: Michael Biedowicz)

recht brauchbar erwiesen. Auch die von örtlichen Einrichtungen und Verbänden herausgegebenen Karten besitzen oft eine gute Qualität. Kompetentes Kartenmaterial läßt sich vom Landesvermessungsamt Brandenburg, Kartenvertrieb, Am Neuen Markt 1, O-1561 Potsdam, beziehen.

Wissenswertes Unter dieser Rubrik wurden die wichtigsten geologischen, botanischen und geschichtlichen Daten kurz zusammengefaßt. Selbstredend soll damit, da der Wanderführer eine andere Aufgabe erfüllt, kein Reiseführer ersetzt werden.

Anmerkungen Die mitunter empfohlene Jahreszeit ist natürlich ein Vorschlag. Im Grunde besitzt jede Jahreszeit auch ihren besonderen Reiz.

Vereinzelt wird auch auf die Möglichkeit der Benutzung eines Fahrrades verwiesen. Dies soll nur eine Anregung sein, um einmal den Wanderschuh mit dem Fahrrad zu vertauschen. In diesem Zusammenhang erlauben wir uns einen Hinweis auf die »Rad-Wanderführer, Mark Brandenburg« die im gleichen Verlag erschienen sind.

Tourenbeschreibung Die meisten Wanderungen lassen sich unabhängig von der Jahreszeit durchführen. Wo besondere Probleme - wie Sumpfgelände oder eingeschränkte Sicht zur belaubten Zeit - bestehen sind sie besonders erwähnt. Erfahrungsgemäß bleiben die angeführten Routen auch zur Saison vom Massentourismus verschont. Nur wenn der Weg in Nähe eines Campingplatzes verläuft, sollte nach Möglichkeit diese Jahreszeit vermieden werden.

Bei einigen Wanderungen mußte die Landstraße in die Streckenführung mit einbezogen werden. In diesem Fall ist außerhalb eines Ortes stets die linke Straßenseite zu benutzen.

Sämtliche Angaben wie »links« oder »rechts« beziehen sich auf die Marschrichtung.

Nach einer längeren Trockenzeit können bei einer hohen Waldbrandgefahr bestimmte Bereiche befristet für den Zutritt verboten werden. Die Bekanntgabe erfolgt dann in den Regionalnachrichten des Senders Brandenburg, im speziellen Fall geben die örtlichen Forstämter Auskunft.

Der Verlag und der Verfasser sind sich darüber im klaren, daß es bereits im Zeitraum des Erscheinens des Buches und mit Sicherheit auch später einige Veränderungen geben wird, so daß eine aktuelle Beschreibung nur bedingt möglich ist. Dafür bitten wir um Verständnis, sind aber selbstverständlich für entsprechende Hinweise sehr dankbar.

Kurze landschaftskundliche Einführung

Einem Fremden mag wohl auf den ersten Blick die Mark Brandenburg eintönig, flach und wenig anziehend erscheinen. Im Gegensatz dazu haben wir aber eine mosaikartig zusammengesetzte, vielfältig gegliederte Natur vor uns. Hohe Stauchmoränen wechseln mit Grundmoränenplatten, Sanderflächen mit fruchtbaren Böden, tief eingeschnittene Schmelzwasserrinnen mit flachen Seen. Alles in allem eine ideale Landschaft für Wanderer.

Nördlich der Mitteldeutschen Hauptlinie setzten mit Beginn des Paläozoikums (Erdaltertum vor 580–225 Millionen Jahren) allgemeine Senkungsbewegungen ein, die die Ausbildung der Norddeutschen Senke förderten. Später wurde die Senke im Mesozoikum (Erdmittelalter vor 225–67 Millionen Jahren) und Tertiär (vor 67–1,5 Millionen Jahren) von gewaltigen Sedimenten überschüttet und später noch einmal von eiszeitlichen Ablagerungen überdeckt.

Der Sedimentationsraum des Buntsandsteins (vor 225–215 Millionen Jahren) im Trias (vor 225–195 Millionen Jahren) konzentrierte sich auf das Nordwestdeutsche-Polnische Becken und betraf vorwiegend die Mecklenburger-Nordbrandenburger Senke, wo dann allerdings eine Mächtigkeit von 400–500 m erreicht wurde. Bedeutsamer war die Sedimentation des Muschelkalkes (vor 215–205 Millionen Jahren) aus dem Germanischen Meer. Hier liegen die Schichtdicken wie in Rüdersdorf bei 100–250 m. Als zeitlich letzte Bodenschätze, sieht man von Torf ab, entstanden dann im mittleren Miozän (vor 25–10 Millionen Jahren) die teilweise 200 m starken Braunkohlenflöze, wie in der Niederlausitz.

Mit dem Übergang vom Tertiär zum Quartär begann eine allgemeine Abkühlung, die wiederum zu einer ausgedehnten Vergletscherung führte. Erstmalig stießen zur Elsterkaltzeit (vor 610 000–480 000 Jahren) im mittleren Quartär Gletscher weit nach Süden bis zu den Nordhängen der Mittelgebirge vor. Dabei wurden riesige Materialmengen in das Gebiet transportiert. Die von ihnen angelegte Feuersteingrenze bildete meist gleichzeitig die äußerste südliche Grenze der kontinentalen Vereisung.

Mit der beginnenden Holstein-Warmzeit (vor 480 000–390 000 Jahren) zog sich die Inlandeisdecke, etappenweise von Stillstandslagen unterbrochen, zurück. Nach einer vorübergehenden Erwärmung setzte voller Dynamik die Saalekaltzeit (vor 390 000–125 000 Jahren) ein. Gleich mit dem ersten Vorstoß wurde die äußerste, südlich von Leipzig liegende Randlage erreicht. Für die südlich des Lausitzer Grenzwalls liegende Region war es gleichzeitig die letzte Eisbedeckung, wir bezeichnen sie deshalb auch als Altmoränenland. Unterbrochen von Stillstandslagen, Rückzug und erneutem Gletschervorstoß, lassen sich zur Saalekaltzeit drei längere Stadien definieren. Der jüngste, relativ eigenständige Teil, das Warthestadium, hinterließ die Endmoräne des Lausitzer Grenzwalls, die in Ostbrandenburg die Grenze zwischen dem Jung- und Altmoränenland bildet. Vielmals waren die Ablagerungen der Saalekaltzeit die Ansatzpunkte für Endmoränen der Weichselkaltzeit (Rauenschen Berge) oder sie wirkten als Gletscherteiler (Fünfeichener Hochfläche).

Der Eisrückgang leitete zur Eemwarmzeit über, die etwa unser heutiges Temperaturniveau besaß (vor 110 000–73 000 Jahren). Auch sie wurde dann von der vorläufig letzten Eiszeit, der Weichselkaltzeit (vor 73 000–10 200 Jahren), unterbrochen. Innerhalb von 5000 Jahren drangen zwei mächtige Eisströme, der Belt- und der Odereisstrom, bis zur äußersten Randlage des Brandenburger Stadiums (vor 21 000–20 000 Jahren) etwa bis zur Linie Krausnicker Berge - Tornow - Neuendorf vor. Da sich das nördlich von dieser Grenze liegende Gebiet im wesentlichen erst während der letzten Eiszeit (Weichselkaltzeit) gestaltete, bezeichnen wir es als Jungmoränland.

Wie in den vorangegangenen Eiszeiten oszillierten die Gletscherränder. Es lassen sich allein in der älteren Phase des Brandenburger Stadiums vier bis fünf Eisrandlagen und neben der Brandenburger Staffel, noch Grunower und Reicherskreuzer nachweisen. In der jüngeren Phase des Brandenburger Stadiums

(Frankfurter Staffel vor etwa 18 500 Jahren) verlegte sich die Grenze weiter nach Norden, etwa in den Bereich Frankfurt/O - Buckow (Märkische Schweiz) bis Wandlitzsee.

Nach einem weiteren Eisrückgang kam es im Pommerschen Stadium (vor 16 000–14 000 Jahren) erneut zu einem Stillstand. Ihre dabei abgesetzte Endmoräne verläuft fast an der nördlichen Grenze Brandenburgs zwischen dem Choriner und Joachimsthaler Bogen.

Die während der einzelnen Eiszeiten von den Gletschern bewegten gewaltigen Materialmengen lagerten sich unter den Gletschern ab. Daraus entstanden aus Geröll, Schotter, Lehm und Sanden bestehende flachwellige bzw. kuppige Grundmoränen oder - während der Stillstandszeiten - am Eisrand auch Endmoränen. Gleichzeitig schufen Gletscherzungen bogenförmige Hügelreihen, die oft bei einem erneuten Eisvorstoß überformt bzw. zu Stauchmoränen verformt wurden.

Mächtige, durch den Eisrückgang oder durch den Gletscherdruck entstandene, Schmelzwasser flossen dabei nach Nordwesten ab. Sie hinterließen Rinnenseen (Scharmützelsee) und Sanderflächen (Schorfheide). Der Abfluß erfolgte zunächst im Brandenburger Stadium über das Baruther-, später zur Frankfurter Phase über das Berliner- und schließlich im Pommerschen Stadium über das Eberswalder-Urstromtal. Vom Gletscher ausgehobelte Becken füllten sich mit Wasser und bildeten Zungenseebecken. Langsam schmelzende Toteisblöcke ließen in sich

Typische Straße in der Mark (Foto: Margit Rössler)

geschlossene Seen (Werbellinsee) entstehen. Schließlich blies der Wind auch noch Dünen auf (Storkow) oder überdeckte die Grundmoränenflächen mit feinem Sand.

Wie vereinzelte Funde zeigen, drangen spätestens vor 50 000 Jahren altsteinzeitliche Jäger und Sammler bis in das Brandenburger Gebiet vor. Möglicherweise war es aber auch schon viel früher. Leider ist ein diesbezüglicher Nachweis durch die völlige Abdeckung der Kulturschichten mit eiszeitlichem Schotter sehr erschwert bzw. fast unmöglich. Auch für die Zeit von 40 000–8 000 v. Chr. fehlen Funde. Mit Abklingen der Weichselkaltzeit wurde das Gebiet zunächst um 8 000 v. Chr. von nicht seßhaften Gruppen und mit der im 3. Jahrtausend in Brandenburg beginnenden jüngeren Steinzeit auch zunehmend von seßhaften Gruppen in Besitz genommen. Seit der Mittleren Bronzezeit war der östliche Teil von Brandenburg von Trägern der Lausitzer Kultur bewohnt. Neben vielen kleineren Siedlungen errichteten sie bereits befestigte Burgen (Lossow und Lebus). Mit der um 700 v. Chr. beginnenden Eisenzeit setzte sich ab 600 v. Chr. die frühgermanische Jastorfkultur durch. Seit dem 1. Jh. läßt sich im Westteil der namentlich bekannte germanische Stamm der Semnonen und im Ostteil der Stamm der Burgunder nachweisen. Nach Abzug der Germanen - während der Völkerwanderungszeit (5./6. Jh.) - war das Gebiet zunächst weitgehend menschenleer. Gegen Ende des 6. Jh. wanderten die slawischen Stämme der Sprewanen (untere Spree), Heveller (Brandenburg) und Lusizer (Niederlausitz) ein.

Unter Heinrich I. (875/919–936) und Otto dem Großen (912/936–973) begann die Kolonisation, die mit den Namen des Markgrafen Gero und Hermann Billing verbunden ist. Sie wurde nördlich der Niederlausitz um 983 durch den großen Slawenaufstand unterbrochen. Erst die Belehnung des Askanier Albrecht der Bär (1100/1123–1170) mit der Nordmark um 1134 brachte stabile Verhältnisse. Durch eine kluge Politik konnten die Askanier bis zu ihren letzten bedeutenden Herrschern Otto IV., der mit dem Pfeil, (1238/1266–1309) und Waldemar (1281/1308–1319) das Gebiet beträchtlich erweitern und festigen. Die Mark Brandenburg teilte sich zu dieser Zeit in die Altmark (westlich der Elbe), Mittelmark (etwa Mark Brandenburg) und Neumark (östlich der Oder). Nach Erlöschen der Askanier begannen unter den Wittelsbachern und Luxemburgern wenig rühmliche Zeiten.

Die Ernennung des Hohenzollern Burggraf Friedrich VI. (1372/1415–1440) am 8. 6. 1411 zum obersten Verweser und Hauptmann der Mark war der Beginn einer neuen Ära. Mit wechselndem Geschick dehnten bald die Hohenzollern ihr Land beachtlich aus. Es reichte nun, wenn auch recht zerstückelt, im Osten bis zur Memel und im Westen bis zum Rhein. Nur die Kurmark, die eigentliche Mark Brandenburg, bestand als geschlossenes Land.

Großes Elend brachte der Dreißigjährige Krieg, was nicht zuletzt auf den unfähigen Kurfürsten Georg Wilhelm (1595/1616–1640) zurückzuführen ist. Zum Glück für Brandenburg übernahm 1640 Friedrich Wilhelm, der Große Kurfürst (1620/1640–1688), als Zwanzigjähriger die Regierung. Nach seinem Fehrbelliner Sieg am 28. 6. 1675 über die Schweden war Brandenburg in Europa eine ernstzunehmende Macht. Neben seinem militärischen Erfolg bleibt auch das Edikt von Potsdam vom 8. 11. 1685 über die Aufnahme der Hugenotten, der Bau des Friedrich-Wilhelm-Kanals und sein Engagement für Kunst und Wissenschaft unvergessen. Schließlich ging mit seinem Namen auch die selbständige Brandenburger Geschichte zu Ende. Es beginnt die Geschichte Preußens.

Literatur

Der Bezirk Frankfurt, Heft 9; Der Bezirk Potsdam, Heft 6, Hrsg. J. Kramm: Geographische Exkursionen/Geographische Bausteine, Neue Reihe, Haack, Gotha, Leipzig (1971/72).

Physische Geographie, Hermann Haack Verlagsgesellschaft (1991).

Brandenburg, Historische Landeskunde Mitteldeutschlands, Hrsg. Stiftung Mitteldeutscher Kulturrat Bonn, Hermann Hekkelmann Verlag Weidlich/Flechsig, Würzburg (1991).

Burger und Lübbenauer Spreewald, Werte unserer Heimat, Bd. 36; Eisenhüttenstadt und seine Umgebung, Bd. 45; Berlin, Bd. 49/50, Akademie Verlag Berlin (1981/86/87).

Historische Führer, Stätten und Denkmale der Geschichte in den Bezirken Dresden, Cottbus; Bezirken Potsdam, Frankfurt/O, Hrsg; L. Heydick, G. Hoppe, J. John, Urania Verlag Leipzig, Jena, Berlin (1982/87).

Georg Dehio, Handbuch der deutschen Kunstdenkmäler: Die Bezirke Cottbus und Frankfurt/O, Akademie Verlag Berlin (1987).

(»Wanderungen«) Theodor Fontane, Wanderungen durch die Mark Brandenburg, Bd. 1 Die Grafschaft Ruppin, Bd. 2 Das Oderland, Bd. 3 Havelland, Bd. 4 Spreeland, Aufbau-Verlag Berlin und Weimar (1980).

Schorfheide

Die Schorfheide gehört mit ihren 400 km² zu den größten, zusammenhängenden Waldflächen der Bundesrepublik. Ihre Grenzen liegen südlich der Ukermark, nördlich des Finowkanals, östlich der Havel und westlich der A11. Mit Höhen bis zu 128 m bei den Wacholderjagen und den noch etwa 7 m unter dem Meeresspiegel liegenden Tiefen des Werbellinsees haben wir eine mit der abwechslungreich gegliederten Landstriche des Jungmoränenlandes vor uns. Während im Osten und Norden die Schorfheider Sander vorherrschen, bestimmen im Süden die Joachimsthaler und Altenhütter Grund- und Endmoränen, im Osten das Grimnitz Becken die von der Rinne des Werbellinsees unterbrochene Landschaft.

Das typische Jungmoränenland entstand während der nach einer vorübergehenden Wärmeperiode erneut voller Dynamik einsetzenden Weichselkaltzeit. Bedingt durch die relativ kurze Warmzeit drangen die Gletscher auf dem noch nicht vom Dauerfrost befreiten Gebiet mit großer Schnelligkeit nach Süden bis zum Raum Joachimsthal vor, wo sie die Endmoräne des Joachimsthaler Hauptbogen hinterließen. An der Südseite schufen die mächtigen zum Eberswalder Urstromtal abfließenden, feines Gestein mit sich führenden Schmelzwasser die Schorfheider-, Werbellinsee Sander. Im Werbellinsee taute ein riesiger Toteisblock erst in der Pommerschen Eisrandlage allmählich ab

Zu Tour 1 **Großdöllner See** (Foto: Manfred Feller)

und füllte sich mit Wasser. Schließlich erfuhr die Natur im Spätglazial nach Rückgang der Schmelzwasser durch die Aufwehung von Binnendünen, wie wir sie südlich des Grimnitzsees vorfinden, ihre letzte natürliche Umgestaltung.

Die ursprünglich vorherrschende Traubeneiche ist zwar noch als Wicken-Traubeneichenwald um Altenhof und als Straußgras-Kiefern-Traubeneichwald auf den Mörderbergen vertreten, heute jedoch durch eingepflanzte Kiefern, den gebietsfremden Fichten, Lärchen und Robinien zumeist verdrängt. Auch die sich seit Ende des 18. Jh. lawinenartig verbreitende Birke veränderte die ursprüngliche Waldzusammensetzung. Nur die an einigen Stellen vorkommende Buche hielt ihren früheren Gesamtbestand. Häufig ist aber der anfängliche Mischwald durch eine künstlich geschaffene Forstgesellschaft, in einigen Bereichen auch mit einem besonders für die Jagdzwecke angelegten lockeren Charakter, ersetzt.

Gefördert durch die Jagdleidenschaft der jeweils Herrschenden, hielt man seit Anfang des 19. Jh. teilweise auch in umzäunten Gebieten einen relativ hohen Bestand von Hirschen, Damwild, Rehen und Schwarzwild. Schließlich wurde nach der Nutzung als Jagdgebiet der Hohenzollern der Name von der westlich vom Werbellinsee liegenden Schorfheide auf das ganze Gebiet ausgedehnt. Die nach der Zerstörung des Grimnitzer Schlosses während des dreißigjährigen Krieges zurückgegangene Jagdnutzung erhielt 1847/49 nach dem Bau des Jagdschlosses Hubertusstock durch König Friedrich Wilhelm den IV. eine Renaissance. Später sorgten die pompösen Kaiserjagden unter Wilhelm II., die Errichtung des prunkvollen Jagdsitzes Karinhall für den Reichsforstmeister Hermann Göring und die aufwendigen Staatsjagden unter Erich Honecker für Schlagzeilen.

1 Friedrichswalde - Großdöllner See - Friedrichswalde

Verkehrsmöglichkeiten Nahverkehrszug Eberswalde–Templin.
Parkmöglichkeiten Am Bahnhof, Dorfanger oder Waldessaum.
Wegmarkierung Ohne.
Tourenlänge Etwa 11 km vom Bahnhof bzw. 7 km bei einem Start vom Rande der Schorfheide.
Wanderzeit $2^1/_2$ bzw. $1^3/_4$ Stunden.
Wanderkarte TK 1 : 50 000 Prenzlau, Blatt N 33–100; 1 : 200 000 Generalkarte Blatt 31.

Wissenswertes Das Wandergebiet liegt im nördlichen Teil der hier relativ schwach gegliederten Schorfheide. – Während bis Anfang des Jahrhunderts die Gegend um Joachimsthal als Jagdgebiet bevorzugt wurde, zog es den Reichspräsidenten Paul von Hindenburg und später auch den Reichsforstmeister Hermann Göring in die stillen nördlichen Gebiete des Großdöllener Sees. Hier baute er seinen luxuriösen, noch kurz vor dem Kriegsende gesprengten Landsitz *Karinhall* (nach Görings erster Frau Karin benannt). Nur zwei Torhäuser mit gekreuzten Marschallstäben im Wappen blieben aus jener unrühmlichen Vergangenheit zurück. – Am schräg gegenüberliegenden Ufer baute sich dann noch Ulbricht seinen, allerdings später von Honecker kaum noch genutzten, Landsitz. – *Friedrichswalde* mit seinem breit angelegten Anger hat im wesentlichen das alte, für ein märkisches Dorf typische Antlitz bewahrt. Dabei paßt allerdings die 1890 in Backsteinen um eine Vorgängerin von 1782/83 erbaute neuromanische Dorfkirche nicht so recht in das Bild.

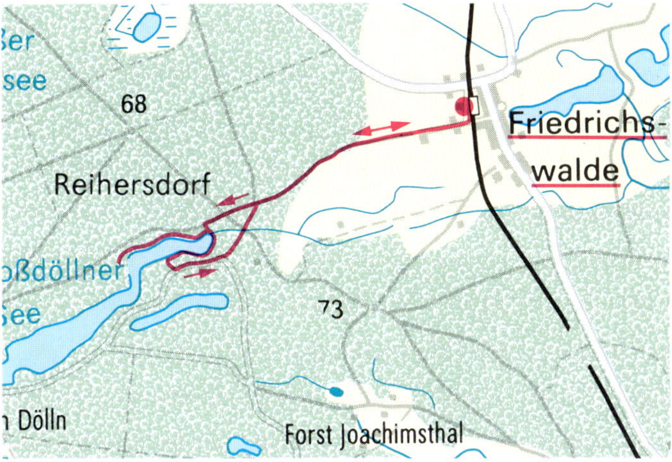

Anmerkungen Prinzipiell können Kraftfahrer bis zum Waldessaum in Richtung Großdöllner See fahren und dort ihr Auto abstellen. Da aber auch der Weg bis zum Wald schöne Aussichten bietet, empfehlen wir die im Dorf befindlichen Parkplätze.

Tourenbeschreibung Von dem *Bahnhof* wenden wir uns nach rechts, d. h. nach Süden, überqueren nach wenigen Metern den Bahnübergang und folgen der in westliche Richtung führenden Kopfsteinpflasterstraße. Auf dem anfänglich sehr sonnigen, durch eine leicht hüglige, Landschaft von uckermärkischem

Charakter verlaufenden Wanderweg erreichen wir nach 1,8 Kilometer die östliche Grenze der *Schorfheide.*

Jetzt weiter im Eichen-Buchen-Mischwald, bei der nächsten Wegegabelung in der Nähe eines links abseits liegenden Gehöftes (2,3 km) den rechten Weg einschlagend, betreten wir wenig später durch ein Tor im *Wildgatter* das weitgehend umzäunte Gebiet der Schorfheide. Wir folgen der Waldstraße und treffen nach 3,5 Kilometern bei einem umgestürzten *Wegestein* auf einen kreuzenden Weg. An dieser Stelle verlassen wir den links einbiegenden Hauptweg und wandern entlang einer Eichenallee auf dem alten Hauptweg geradeaus weiter. Später passieren wir einen Querweg, schreiten an einem weiteren, diesmal aufrecht stehendem Wegestein (4 km) vorbei und biegen dann in den etwa 100 Meter danach kreuzenden Hohlweg links ein.

Von hier läßt sich ein 3 Kilometer langer, lohnenswerter Abstecher zum *Nordufer* des Großdöllner Sees unternehmen. Dazu biegen wir in den nach 50 Metern rechts abzweigenden Weg ein und wandern bei der anschließenden Wegegabelung auf dem am linken Ufer verlaufenden Weg bis zur großen Südwendung des Sees. Eine Aussicht über den gänzlich mit Wald umschlossenen See belohnt den Abstecher. Auf gleichem Weg zurück zum Ausgangspunkt, folgen wir unserem bisherigen, nun durch eine anmutige Wiesenlandschaft in die südöstliche Richtung führenden Weg, bis etwa 300 Meter weiter mit einem Wegweiser gekennzeichneter schmaler Wanderpfad rechts abzweigt.

Der später am Südufer des *Großdöllner Sees* verlaufende Weg kreuzt in Nähe eines Bootshauses mit Steg einen schmalen Weg (5,2 km). Ein in der Nähe befindlicher, freier Platz ist ein Überbleibsel von Görings *Karinhall.* Wir wandern nun auf dem Querweg nach Süden und erreichen wenig später die noch aus dieser Zeit stammende asphaltierte Waldstraße.

Hier schwenken wir links ein, bei der nächsten Wegegabelung (5,7 km) nochmals links und folgen der breiten Kastanienallee bis zu den schönen *Forsthäusern* und den beiden Torhäusern des ehemaligen Karinhall. Es geht nun, vorbei an einer teilweise verkohlten *Blitzeiche* geradeaus weiter. An dieser Stelle richten wir uns nach der am Weg entlanglaufenden Telefonleitung und schreiten bis zu dem uns bei dem Hinweg aufgefallenen, umgestürzten *Wegestein* (7,5 km). Nun auf dem bekannten Weg zurück, sind wir nach nicht ganz 45 Minuten am Ausgangspunkt unserer Wanderung.

2 Joachimsthal - Werbellinsee - Mörderberge - Joachimsthal

Verkehrsmöglichkeiten Nahverkehrszug Eberswalde-Templin oder Bus von Bernau.
Parkmöglichkeiten Am Bahnhof.
Wegmarkierung Bis Werbellinsee ohne, dann grüner Punkt, ab Ablage Michen grüner Balken.
Tourenlänge Etwa 13,5 km oder 8,5 km bei Start am Bahnhof Werbellinsee.
Wanderzeit 3¹/₄ bzw. 2 Stunden.
Höhenunterschiede Etwa 50 Meter An- und Abstieg.
Wanderkarte TK 1 : 50 000 Eberswalde - Finow, Blatt N 33-112; 1 : 200 000 Generalkarte Blatt 31.
Wissenswertes Die Kleinstadt *Joachimsthal* wird von dem relativ flach liegenden Grimnitzsee und vom tief eingeschnittenen Werbellinsee begrenzt. - Eine Sehenswürdigkeit ist die von 1735-38 erbaute, bei dem großen Stadtbrand stark beschädigte und 1817-20 durch Schramm - wahrscheinlich nach Entwürfen von Karl Friedrich Schinkel - wieder aufgebaute neugotisches *Stadtkirche.* Besonders eindrucksvoll ist der Südgiebel mit dem von polygonalen Ecktürmen flankierten Blendengiebel. - *Alt Grimnitz* (jetzt zu Joachimsthal gehörig): Bereits Mitte des 13. Jh. bestand am Westufer des Grimnitzsees eine Burg, die der auch als Minnesänger bekannte Markgraf Otto IV. mit dem Pfeil (1266-1309) zu seinem Lieblingsaufenthalt wählte. Heute sind von der mittelalterlichen Burg und dem späteren Jagdschloß nur noch Teile der Ringmauer, Burggraben, Bruchstücke eines innerhalb des östlichen Mauerbereiches liegenden Gebäudes sowie die fast bis in die Gegenwart genutzten tonnengewölbten Keller erhalten. - Fontane schrieb im Bd. 2 der »Wanderungen« über den *Werbellinsee:* »Ein Zauber ist um ihn her, und was Blumenthal unter den Forsten ist, das ist der Werbellin unter den Seen dieses Landesteiles.«
Anmerkungen Die Wanderung läßt sich auch vom Bahnhof Werbellinsee durchführen. Von dort sind es etwa 200 Meter bis zu unserem beschriebenen Wanderweg.
Tourenbeschreibung Vom *Bahnhofsvorplatz* wenden wir uns nach links und bei der Gabelung nochmals nach links zum ausgeschilderten Feriendorf und wandern vorbei am rechts liegenden Kriegerdenkmal bis zum Bahnübergang. In Grimnitz schreiten wir bis zum Dorfkrug, biegen links in die Grimnitzer Straße (1,5 km) ein und folgen ihr bis zu einem zweigeschossigen

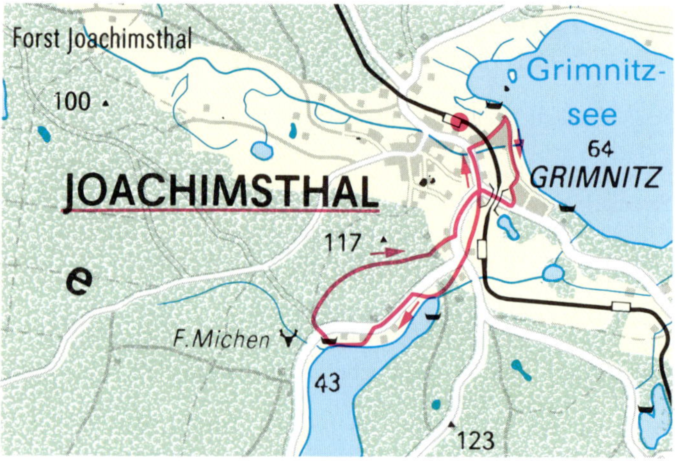

Haus. – Das rechts im Hintergrund liegende Anwesen steht auf den Kellern der alten *Askanierburg.*

Dann folgen wir dem Weg am Wallgraben, biegen bei der mit Kopfsteinpflaster versehenen Hauptstraße links in den Weg ein und erreichen bald darauf den *Badestrand am Grimnitzsee.*

Der etwa 22 m über dem Werbellinsee liegende und mit einer mittleren Tiefe von 4,6 m (maximal 11 m) relativ flache See dient wegen seines breiten Schilfgürtels vielen Wasservögeln als Brutstätte. Leider erhielt er durch seine vorübergehende Nutzung als Intensivfischgewässer einen relativ hohen Faulschlammanteil.

Vom Strand einige Schritte zurück, geht es links auf dem nach Süden verlaufenden Weg weiter. Zunächst noch geradeaus, dann nach rechts durch das Feriendorf führt der Weg geradewegs zur Landstraße (3 km). Wir folgen nun der von alten Linden begrenzten B 198 nach rechts durch den Tunnel bis zur rechtwinkligen Linskurve. Dort wird die B 198 mit dem ersten links abgehenden Weg verlassen. Vorbei an Feldern und Gärten mündet schließlich der aussichtsreiche Wiesenweg in die Zufahrtsstraße zum *Bahnhof Werbellinsee* (Kaiserbahnhof), wo sich ein Abstecher zum Bahnhof lohnt.

Wir können die Wanderung auch am ehemaligen Kaiserbahnhof beginnen, der extra für Wilhelm II. gebaut wurde, damit er bequem zu seinen Schorfheider Kaiserjagden gelangen konnte. Wir schreiten weiter zur B 198 und setzen dann die Wanderung auf dem gegenüber bergabwärts durch schattigen Wald führenden Weg fort. Unten angelangt, geht es auf der gepflasterten Straße (5,9 km) nach rechts. Auf dem nun mit einem grünen

Zu Tour 2 **Wanderweg in der Schorfheide** (Foto: Manfred Feller)

Punkt markierten Weg wird die bald reizvolle, einen Blick über den *Werbellinsee* erlaubende Badestelle erreicht. - Mit einer Seespiegelhöhe von 43,2 m, einer mittleren Seetiefe 19 m und einer beachtenswerten maximalen Tiefe von 50 m zählt der 10 km lange, von bewaldeten Höhen umgebene See nicht nur zu den schönsten, sondern auch zu den tiefsten der Mark Brandenburg.

Jetzt geradeaus bis zur B 198, dort nach links geht es vorbei an dem Tonwerk, dann eine längere Strecke entlang von Grundstücken, die uns den Blick zum See verwehren. Hinter dem letzten Anwesen (7,3 km) schwenken wir in den links abzweigenden, durch einen Erlenwald mit üppiger Vegetation verlaufenden schmalen Dammweg ein. Der Weg stößt bald wieder auf den Werbellinsee und folgt nun dem Westufer. Über eine schmale Brücke gelangen wir bei der *Ablage Michen* zu einer Badestelle mit großer Liegewiese.

Nach ihrer Überquerung geht es auf der B 198 nach rechts, bis bei einem Findling gegenüber dem Parkplatz ein gelb bzw. blau/grün markierter, zunächst noch ein Stück asphaltierter Weg abzweigt. Wir folgen ihm geradeaus - beachten den links abgehenden Weg nicht - und steigen auf dem sich später nach rechts wendenden, durch prachtvollen Mischhochwald führenden Weg (unregelmäßige Markierung) bergauf. Jetzt halten wir uns immer rechts und gelangen auf den alleeartigen Eichenweg zu den 113 Meter hohen, auf einem gewellten Terrain einer kleinen Grundmoräne liegenden *Mörderbergen* (9,2 km).

Nach Durchschreiten eines Wildgatters sind wir rasch bei der Ansiedlung *»Schwarze Bahn«* (11,5 km) und wenig später auch bei der B 198. Hier können wir uns für den Weg nach Joachimsthal oder für den kürzeren zum Bahnhof Werbellinsee entscheiden. Zum *Bahnhof Werbellinsee* geht es auf der B 198 bis zur links abzweigenden asphaltierten Zubringerstraße nach rechts und von dort direkt zum Bahnhof oder ein kurzes Stück nach links, dann auf dem rechts abzweigenden Feldweg und später auf dem Hinweg bis zur Zubringerstraße. Den Joachimsthaler Bahnhof erreichen wir, indem wir der mäßig ansteigenden B 198 nach links folgen, bei der steilen Rechtskurve links in die *Töpferstraße* und später in die rechts abzweigende Bahnhofstraße einbiegen.

3 Altenhof - Wachholderjagen - Werbellinsee - Joachimsthal

Verkehrsmöglichkeiten Bus Bernau-Altenhof-Joachimsthal und Eberswalde-Altenhof - Die Rückfahrt von Joachimsthal nach Altenhof erfolgt mit dem Schiff (nur während der Saison) oder mit dem Bus Joachimsthal-Berlin bzw., wie in Route 3 beschrieben.
Parkmöglichkeiten Am Gemeindeamt Altenhof.
Wegmarkierung Golzower Weg grüner Balken, dann vom Abzweig Golzower Weg bis Werbellinsee gelb/oranger Balken.
Tourenlänge Etwa 9 km bis zur Schiffsanlegestelle - 9,8 km bis zur Bushaltestelle und 10,4 km bis zum Bahnhof Werbellinsee.
Wanderzeit 2 bis 2½ Stunden je nach Beendigung der Tour.
Höhenunterschiede Etwa 100 Meter An- und Abstieg.
Wanderkarte TK 1 : 50 000 Eberswalde - Finow, Blatt N 33-112; 1 : 200 000 Generalkarte Blatt 31.
Wissenswertes Das reizvoll am Werbellinsee gelegene *Altenhof* ist das Zentrum des Tourismus im Werbellin/Grimnitzsee-Gebiet. - *Joachimsthal* siehe Route 3.
Anmerkungen Für Autofahrer bietet sich zur Saison von Joachimsthal eine Rückfahrt mit dem Schiff an. Sonst ist die oben angeführte Buslinie zu nutzen. Schiffs- bzw. Busabfahrtszeiten sind in Altenhof zu erfahren.
Tourenbeschreibung Vom *Gemeindeamt*, dem Ausgangspunkt unserer Wanderung, sollten wir einen kurzen Abstecher zu dem *Werbellinsee* unternehmen. Die Aussicht über den von bewaldeten Hügeln umgebenen See, ist einmalig und kann mit vielen Gebirgsseepanoramen konkurrieren. Schon Fontane bemerkte in Band 2 der »Wanderungen«: »Es ist ein Märchenplatz, auf dem wir sitzen, denn wir sitzen am Werbellin«.

Wir gehen dann zurück zur Hauptstraße und folgen ihr vorbei am *Kriegerdenkmal* in die nordöstliche Richtung bis zum rechts abzweigenden, gepflasterten *Golzower Weg*. Der ansteigende, durch Buchenwald führende, grün markierte Weg, bringt uns vorüber an einem in Wegesnähe liegenden Gedenkstein für sowjetische Kriegsgefangene, bald zu einem breiten Querweg. Hier biegen wir links ein und wandern auf dem anfangs mit Schotter versehenen Weg in Richtung Rastplatz. Der stellenweise etwas unregelmäßig markierte Weg wendet sich nach rechts und bald wieder nach links, folgt aber durch abwechslungsreichen Wald weiter dem grün markierten Golzower Weg. Der später an einer Birkenallee verlaufende Weg passiert dann

eine Senke (1,7 km). Der hier links abzweigende Weg bleibt ebenso wie der nächste, an einem Berg von Feldsteinen abzweigende, unberücksichtigt.

Wir wählen erst den eine Weile später links abgehenden, nun gelborange bezeichneten Weg. Der bequeme Wanderweg verläuft geradlinig durch einen für die Schorfheide typischen Eichenwald, später auch durch hügliges Gelände, er durchquert ein Tal mit versumpften Gewässer (4,5 km) und endet schließlich bei einer Schutzhütte auf einem kreuzenden Weg. Wir wenden uns hier nach links und biegen nach etwa 500 Meter, am Ende einer eingezäunten Fichtenschonung, in den leicht zu verpassenden, aber gut markierten, rechten Weg (5,4 km) ein. Wenig später gelangen wir zu dem seit 1961 unter Naturschutz gestellten *Wacholderjagen.* – Ehemals verhalf der kaum noch vorkommende Wacholder dem auf einer sandbedeckten Grundmoräne von 90 bis 128 Meter Höhe liegenden Terrain zu seinem Namen.

An dieser Stelle schlagen wir den linken, schräg abgehenden Weg ein. Der durch bewaldetes Gelände führende Wanderweg stößt wenig später auf die *Joachimsthaler Chaussee* (6,3 km). Diese überquerend, folgen wir dem mehrfach bezeichneten Waldweg, bis sich nach einer Weile, rechts bei einem Buchenjungbestand, unser Wanderweg von den anderen Markierungen trennt. Vorüber an einer eingeengten Aussicht, setzen wir die Wanderung auf dem teilweise verwachsenen Weg bis zur Waldstraße fort. Wir schwenken dort in den linken, oberhalb des Werbellinsees verlaufenden Weg ein, halten uns bei der nächsten Wegegabelung links und kommen schließlich bergabwärts zum *Werbellinsee* (8,8 km). Hier überrascht uns ein Blick über den reizvollen See. Zur Saison können wir von der 200 Meter weiter rechts gelegenen Schiffsanlegestelle nach Althof zurückfahren.

Zu Tour 2, 3 **Am Werbellinsee** (Foto: Wolfgang Frey)

Nun richten wir uns nach der roten Markierung und sind nach kurzem Aufstieg an dem leider nur zeitweilig in Betrieb befindlichem Wasserfall. Der vom 22 Meter höher liegenden Grimnitzsee über den Großen Lubbosee und einem künstlichen Graben gespeiste *Wasserfall*, trieb ehemals eine Wassermühle. Wenig später kommen wir zur B 198. Links entlang wird nach kurzer Zeit die *Bushaltestelle* (9,8 km) mit Busverbindungen nach Altenhof und Bernau bzw. die rechts abgehende Zufahrtsstraße zum *Bahnhof Werbellinsee* (10,4 km) erreicht.

Eberswalder Urstromtal und Choriner Bogen

Obwohl das zu besprechende Wandergebiet historisch unterschiedlichen Verwaltungskreisen der Provinz Brandenburg angehörte, so Chorin zu Angermünde, Eberswalde zu Eberswalde und Biesenthal zum Oberbarnim, besitzen sie viele Gemeinsamkeiten oder ergänzende Strukturen, so daß es zweckmäßig erschien, sie zu einem Komplex zusammenzufassen. Das eingefaßte Areal beginnt am nördlichen Rand des Choriner oder Parsteiner Bogens, umfaßt Teile vom Einzugsgebiet des Eberswalder Urstromtales und endet vor der Grundplatte des Barnims.

Die Entstehung der Landschaft fällt in die äußerste Randlage des Pommerschen Stadiums. Hindernisse, oft Moränen von vorangegangenen Kaltzeiten, wurden gestaucht oder teilten die Gletscherströme und bildeten in Verbindung mit Tauprozessen Gletscherzungen, die schließlich girlandenartig aufgezogene Endmoränenbögen, die sogenannten Loben hinterließen. Ein solcher hier, relativ geschlossener Endmoränenzug der Hauptendmoräne des Pommerschen Stadiums, ist der sich von Oderberg über Chorin bis nach Groß Ziethen hinziehende sogenannte Choriner- oder Parsteiner Bogen.

Politisch gehörte dieses Gebiet, seit die Askanier die im Barnim gelegenen Feste Oderberg (1224) errichteten, zu Brandenburg, nach Bildung des Königreichs Preußen (1701) zur Provinz Brandenburg und nach der Auflösung Preußens (24. 7. 1947) bis zur Länderauflösung (13. 7. 1952) und wieder ab

Zu Tour 4–8 **Chorin: ehemaliges Zisterzienserkloster** (Foto: Manfred Feller)

Zu Tour 4–8 **Kloster Chorin** (Foto: Margit Rössler)

1990 zum Land Brandenburg. Nur zur DDR-Zeit war es in den Bezirk Frankfurt/O eingegliedert.

Etwa zeitgleich mit der Verlegung (1272) des Klosters Chorin vom Parsteiner See zu seinem heutigen Sitz bildete sich um eine Markgräfliche Burg, das bald zur Stadt (spätestens 1307) erhoben und zum Hauptort des umliegenden Gebietes erklärte Eberswalde-Neustadt.

4 Chorin - Bullenwiese - Chorin

Verkehrsmöglichkeiten Nahverkehrszug Eberswalde–Templin bis Kloster Chorin.
Parkmöglichkeiten Am Bahnhof Kloster Chorin.
Wegmarkierung Keine.
Tourenlänge Etwa 9,8 km.
Wanderzeit $2^1/_4$ Stunden.
Höhenunterschiede Etwa 100 Meter An- und Abstieg.
Wanderkarte TK 1 : 50 000 Eberswalde - Finow, Blatt N 33–112; 1 : 200 000 Generalkarte Blatt 31.
Wissenswertes Chorin, das von 1677 bis 1934 Chorinchen hieß, liegt im Choriner Endmoränenbogen, einem Teilstück des Parsteiner Hauptbogens. - Die Gründung des Zisterzienserklosters, einer Tochtergründung des Lehniner Klosters, wurde 1258 von den Askaniern Johann den I. und Otto den III. mit dem Ziel der Schaffung eines Hausklosters der johanneischen Linie vorgenommen. Durch mehrfache Unterbrechung zog sich der Bau bis 1319 hin. Nach dem Übertritt des brandenburgischen Kurfürsten zum Protestantismus (1542) fiel es unter die Säkularisation. Im 17. Jh. begann der Verfall der nicht mehr benötigten Gebäude, wobei die Abdeckung des Kirchenschiffes (1660) verheerende Folgen zeigte. Erst nach dem Besuch Friedrich Schinkels (1818) begannen die sich bis zur Gegenwart hinziehenden Sicherungs- und Instandsetzungsarbeiten. Die landschaftsgärtnerische Umgestaltung nahm 1881-82 Peter Joseph Lenné vor. - Obwohl heute nur noch die Hälfte der ursprünglichen Anlage vorhanden ist, können wir uns nicht dem Reiz der dreischiffigen Pfeilerbasilika entziehen, die mit als Höhepunkt der frühen Backsteingotik angesehen wird. Besonders beeindruckend ist die berühmte Westfassade, die trotz ihrer baulich bedingten Unsymmetrie (südliche Blende steht weiter als die nördliche hervor) ein harmonisches Bild zeigt. Gelungen ist auch das statt der üblichen

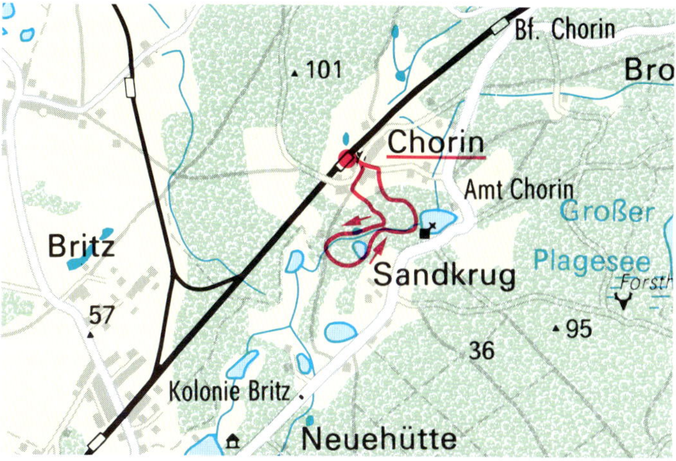

runden Apsis eingesetzte 7/12-Polygon mit den aufstrebenden hohen Fenstern. Von den übrigen Klostergebäuden blieben im wesentlichen erhalten: der Ostflügel der Klausur, der östliche Kreuzgangflügel mit den 1960 von Waldemar Grzimek ergänzten Konsolen, der Westflügel mit Fürstensaal, das Pfortenhaus, die Küche mit Kamin, das Brauhaus sowie die neuerdings ausgegrabene Wassermühle. - Fontane befaßte sich im Kapitel »Kloster Chorin« im Band 3 der »Wanderungen« eingehend mit der Geschichte des Klosters.

Anmerkungen Der stets schattige Rundwanderweg verläuft durch eine wenig begangene gebirgsähnliche Landschaft.

Tourenbeschreibung Vom Bahnhof Kloster Chorin, dem Beginn der Wanderung, gehen wir ein kurzes Stück nach Osten, biegen dann rechts in den langgestreckten Dorfanger ein, wandern rechts an der *Kirche*, einem Feldsteinbau vom Ende des 13. Jh. vorbei bis zum südlichen Dorfende. Nun weiter geradeaus, dem *Sandkruger Weg* und nach 200 Metern, im Wald der gepflasterten Waldstraße folgend, geht es zunächst bergauf dann wieder hinab zum *Nettelgraben* (1,9 km). - Der von Mönchen angelegte vom Parsteiner See kommende und zum Weißen See führende Graben mit dem beachtlichen Durchstich am Amtssee war für die damalige Zeit eine enorme Leistung. Allerdings konnte sein eigentlicher Zweck bis heute noch nicht geklärt werden.

Ohne die Brücke zu überschreiten, wenden wir uns den rechts abgehenden, am romantischen Nettelgraben hinziehenden Weg zu. Entlang des Grabens führt uns der Weg nach Westen zur ehemaligen, jetzt überfluteten *Bullenwiese* (2,3 km). Auf anmutigem Uferweg gelangen wir an der Westspitze (2,7 km) erneut zum *Nettelgraben.* Wir überqueren ihn und wählen den unmittelbar danach rechts abzweigenden, unregelmäßig mit einem blauen Balken markierten Weg. Er führt am unter uns fließenden, einem Wildbach gleichenden Graben, durch eine mittelgebirgsähnliche Natur.

In Nähe einer Brücke (3,1 km) stoßen wir auf eine Wegspinne. Hier nehmen wir den linken, breiten, bergan führenden Weg, halten uns später rechts von dem unter uns liegenden See (Bullenwiese) und gelangen über den Sandkrugweg nochmals zum *Nettelgraben.* Der östliche Uferweg erreicht wenig später erneut die Nettelgrabenbrücke (Hinweg). Ohne die Brücke zu überschreiten folgen wir den Weg an der *Jugendherberge* vorbei bis zur *Klosterruine* (7,8 km).

Nach ihrer Besichtigung schlagen wir den am Südwestufer des *Amtssee* verlaufenden Waldweg ein, passieren den Nettelgraben, steigen ein Stück bergan, gehen 20 Meter nach links und schwenken in den rechten Weg ein. Der zunächst ansteigende, dann wieder abfallende Weg bringt uns nach 2 Kilometern geradewegs zum Bahnhof Kloster Chorin.

5 Chorin - Kroneneiche - Chorin

Verkehrsmöglichkeiten Nahverkehrszug Berlin-Pasewalk bis Kloster Chorin.
Parkmöglichkeiten Am Bahnhof Kloster Chorin.
Wegmarkierung Gelber Balken.
Tourenlänge Etwa 6,5 km - Bei Verbinden mit Route 6 12,5 km.
Wanderzeit 1¾ Stunden.
Höhenunterschiede Keine nennenswerten.
Wanderkarte TK 1 : 50 000 Eberswalde - Finow, Blatt N 33-112; 1 : 200 000 Generalkarte Blatt 31.
Wissenswertes Siehe Route 4.
Anmerkungen Die Wanderung läßt sich gut mit der Route 6 verbinden. Dazu biegen wir fast am Ende unserer Wanderung nach der Eisenbahn und den ersten Choriner Häusern rechts in den Sandkrugweg ein. Die gepflasterte Waldstraße leitet uns über den Berg zum Nettelgraben. Vor ihm links einschwenkend, sind wir bald am Amtssee und wenig später auch am Parkplatz (2 km), dem Startpunkt der Route 6.

Tourenbeschreibung Vom *Bahnhof* wenden wir uns nach Westen, überqueren die Bahn und wandern dann parallel zu ihr nach Norden. Der mit einem gelben Strich bezeichnete Weg verläuft zunächst an dem 1842 in Verbindung mit dem Eisenbahnbau trocken gelegten Choriner Dorfsee, dem sogenannten *Schulzensee*, vorbei. Heute noch erinnert auf der Wiese das vereinzelt vorkommende Schilfrohr an seinen ursprünglichen Charakter.

Nun halten wir uns westlich von der Eisenbahn und biegen kurz nach einem Grundstück (750 m) von dem leicht abfallenden und an Linden vorbeiführenden Weg links ab. Wir wandern über die Wiese, dann im Eichen-Buchen-Mischwald steil bergan bis zu einer kleinen Holzbrücke, die uns über einen Waldsumpf – die *Stabhüttenbrüche* – führt. An dieser Stelle wurden im 18. Jh. aus Eichenholz Faßdauben, Speichen und Stäbe angefertigt. Der Wanderweg schlängelt sich entlang an den Brüchen durch Buchenwald bis zur *Kroneneiche* (2,1 km).

Die majestätische Kroneneiche ist 550 Jahre alt, erreicht eine Höhe von 31,5, einen astfreien, völlig geraden Stamm von 19,5 und einen Umfang von 3,4 Metern. Sie wird umgeben von 15 prächtigen Buchen, die dem Platz ein ehrwürdiges Ansehen verleihen. Der vor ihr stehende Gedenkstein erinnert an die verdienstvolle Förstergeneration Weber, die auch das Schlagen der Kroneneiche verhinderte. Nach einer Rast auf den einladenden Bänken folgen wir dem vor dem Gedenkstein links abgehenden, südwestlichen Weg. Vorüber an einem Fichtenbestand geht es unterhalb der Gänsemattenberge und dem 101 Meter hohen,

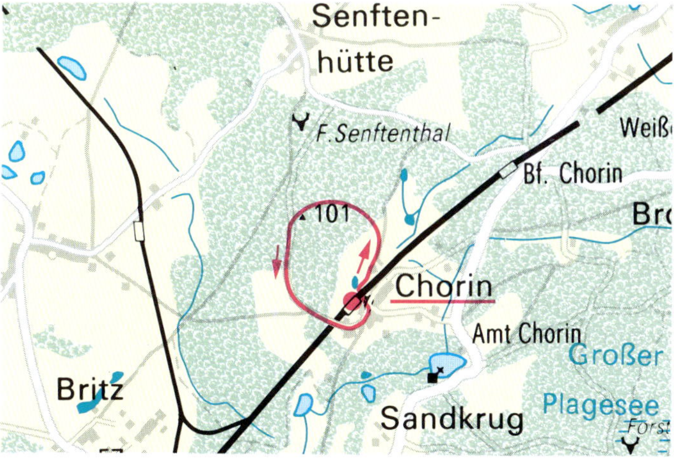

im 18. Jh. für den Waldtrieb genutzten *Pferdeberg* auf dem stellenweise sehr lückenhaft markierten Wanderweg geradeaus weiter. Bald stoßen wir auf den gepflasterten Senftenhütter *Mühlenweg* (3,4 km).

Wenig später öffnet sich am *Schlichten Feld* (schlechtes Feld) die Landschaft einseitig und gestattet später einen Fernblick. Bei der nächsten Wegegabelung folgen wir auf dem nun zusätzlich mit einem roten Strich versehenen Weg unserer bisherigen Richtung. Wir überqueren die *Bahn* (zur Verbindung mit Route 6 rechts in den Sandkrugweg einbiegen), halten uns im Dorf links und nach der *Kirche* nochmals links und erreichen so den Ausgangspunkt unserer Wanderung.

Zu Tour 6 **Choriner Amtssee** (Foto: Manfred Feller)

6 Chorin - Weinberg - Chorin

Verkehrsmöglichkeiten Nahverkehrszug Berlin–Pasewalk bis Kloster Chorin.
Parkmöglichkeiten Parkplatz in Nähe des Klosters.
Wegmarkierung Grünes Andreaskreuz.
Tourenlänge Etwa 3 km, plus jeweils 2,2 km für Weg zum Bahnhof Kloster Chorin (siehe Route 4). - Mit Route 5 sind es 12,5 km.
Wanderzeit 3/4 Stunde.
Höhenunterschiede Etwa 40 Meter An- und Abstieg.

Wanderkarte TK 1 : 50 000 Eberswalde - Finow, Blatt N 33-112; 1 : 200 000 Generalkarte Blatt 31.

Wissenswertes Zwischen dem Amtsweg und der B 2 erhebt sich der Weinberg. Er liegt auf dem Choriner Endmoränenbogen, war ehemals auf der Südseite mit Reben bepflanzt und diente den Mönchen jahrhundertelang zur Weingewinnung. Im ersten Viertel unseres Jahrhunderts wurde ein Pflanzgarten mit seltenen Baumarten, darunter Eiben und Douglasien, angelegt. Durch dieses botanisch vielseitige Gebiet führt ein Naturlehrpfad, dem unser Wanderweg folgt.

Anmerkungen Die Wanderung läßt sich gut an die Route 5 anschließen.

Tourenbeschreibung Wir überqueren vom *Parkplatz* die B 2, gehen wenige Meter auf dem mit Feldsteinen gepflasterten *Amtsweg* und biegen dann gleich rechts in den *Naturlehrpfad* ein, der teilweise mit einem grünen Kreuz bezeichnet ist. Bei den nächsten Wegegabelungen immer rechts und parallel zur Bundesstraße biegen wir schließlich in den einige Stufen nach oben führenden Wanderweg ein.

Wenig später wird der mit einer überdachten Bank ausgestattete Rastplatz (800 m) erreicht. Hier erwartet uns eine hübsche Aussicht über die Endmoränenlandschaft. Nun wandern wir etwa 300 Meter an dem mit hohen Lärchen bestückten Waldessaum bis zum nächsten linken Weg. Dieser leitet uns, wenn wir bei der nächsten Wegegabelung rechts abbiegen, bergab durch

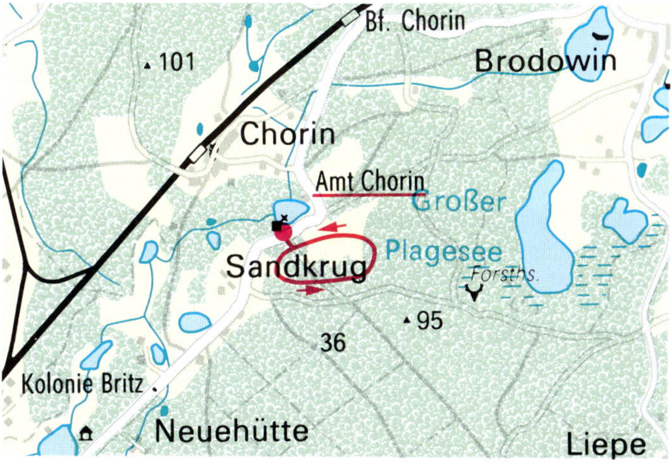

Buchenwald erneut zum *Amtsweg*. Hier 20 Meter nach links geht es dann auf dem rechts abzweigenden Weg weiter.

Zunächst geradeaus, vorbei an dem links einmündenden Rückweg, dann rechts berauf, auf dem Kamm bald nach links kommen wir direkt zum nächsten *Rastplatz*. Auch hier bietet sich ein weiter Blick über die Endmoränenlandschaft. Nun geht es auf dem gleichen Weg bis zu dem rechts abzweigenden, mit einem grünen Kreuz versehenen Weg zurück. Beim nächsten Querweg halten wir uns links und wandern bis zum *Amtsweg*. Jetzt nach rechts, sind wir wenig später am Ausgangspunkt der Wanderung.

7 Chorin - Plagefen - Försterei Liepe - Oderberg

Verkehrsmöglichkeiten Nahverkehrszug Berlin-Pasewalk bis Kloster Chorin - Rückfahrt: Von Oderberg auf der Strecke Frankfurt/O-Angermünde bis Angermünde bzw. Bad Freienwalde, dann nach Eberswalde und von Angermünde oder Eberswalde auf der Strecke Berlin-Pasewalk nach Berlin.
Parkmöglichkeiten Wegen der Streckenwanderung kaum sinnvoll, eventuell in Eberswalde.
Wegmarkierung Bis Kloster gelber Balken, Königsweg blauer Balken, weiter bis Lieper Waldstraße ohne, bis zur Lieper Försterei roter Balken, weiter ohne und später gelber Balken, zum Schluß grüner Balken.
Tourenlänge Etwa 20,5 km. **Wanderzeit** 5 Stunden.
Höhenunterschiede Etwa 70 Meter An- und Abstieg.
Wanderkarte TK 1 : 50 000 Eberswalde - Finow, Blatt N 33-112 und Bad Freienwalde, Blatt 33-113; 1 : 200 000 Generalkarte Blatt 31.
Wissenswertes *Chorin* siehe Route 4 - Das im 13. und 14. Jh. als Vorhafen für Berlin geltende *Oderberg* liegt an der Nordostseite des Oderbruchs unmittelbar an der Alten Oder. Nach Zerstörung der Höhenburg um 1349 wurde in Odernähe die (bereits um 1754 wieder abgebrochene) Festung Bärenkasten erbaut. Heute sind von ihr nur noch einige Mauerpartien von beachtlicher Höhe übriggeblieben. - Sehenswert sind ferner die neugotische *Stadtkirche* (Neubau von Friedrich August Stüler 1853/55) und der im 19. Jh. angelegte *Jüdische Friedhof* mit hebräisch beschrifteten Grabsteinen.
Anmerkungen Zur Bewältigung des häufigen Kopfsteinpflasters sollten wir uns mit einem zweckmäßigen Schuhwerk versehen.

Bf. Chorin
101
Brodowin
Pehlitz
Chorin
Amt Chorin
Großer
Plagesee
Forsths.
Sandkrug
95
36
NEUENDORF
124
STEINLAGER
Bf.Saaten
83
ODERBERG
Kolonie Britz
Neuehütte
Liepe
2
Oder-Havel-Kanal
Oderberger See
94
Forsths.
NORDENDE
Schiffshebewerk
Stecherschleuse
32
Nieder-
Neuenhagen
glietze

Tourenbeschreibung Vom Bahnhof Kloster Chorin wandern wir zum Dorfanger, schlagen vor der *Kirche* (Feldsteinbau aus dem Ende des 13. Jh.) den linken *Hüttenweg* (gelber Balken) ein und verlassen die Landstraße bei der nächsten Linksbiegung auf dem rechts in den Wald führenden Weg. Der Hohlweg verläuft durch dichten Wald bergan, später durch Hochwald bergab, bis er schließlich in einen Querweg mündet. Hier links haltend und unmittelbar darauf nach rechts zum *Amtssee* absteigend, dem Südufer entlang, sind wir nach 2,2 Kilometern an der *Klosterruine.*

Der nun mit einem blauen Balken markierte Wanderweg folgt der B 2 in die nordöstliche Richtung, bis am Ende des Amtssees (2,9 km) der nach Brodewin führende *Königsweg* rechts abbiegt. Der zunächst geradlinige Weg wird etwas später (nach einer starken Rechtskurve) auf den ersten rechten (3,5 km) ein wenig nach unten führenden Weg wieder verlassen. Bald gabelt sich der Weg (3,8 km), der hier unregelmäßig mit einer alten grünen Markierung versehen ist. Hier wählen wir den linken, ansteigenden Weg und gelangen durch Wald auf dem Berggipfel zur gepflasterten *Olbergstraße* (nach einem Forstwissenschaftler benannt).

Jetzt biegen wir rechts ein und erreichen wenig später ein Wegedreieck (4,6 km). An dieser Stelle beginnt das *Plagefen*, das schon 1907 auf Betreiben des Forstmeisters Max Kienitz wegen seiner spezifischen Pflanzen- und Tierwelt unter Schutz gestellt wurde. Das Gebiet umfaßt ein Areal von etwa 177 ha, davon 44 % Wasser-, 21 % Wald- und 35 % Fenflächen (Moor, Sümpfe und Brüche). Mit einer Moortiefe von 9 Metern gehört es mit zu den tiefsten Brandenburgs. Die kaum betretene, weitgehend unzugängliche Region beherbergt viele Wasservögel.

Der bisherigen Richtung folgend, stoßen wir auf meist ebenem Weg, in der Nähe eines rechts liegenden Einfalltrichters schnell auf das nächste Wegedreieck. Wir schlagen bei dem Rastplatz den linken abfallenden Weg ein, er führt uns am *Kienitzstein* vorbei, immer entlang des Naturschutzgebietes. Der teilweise betonierte Weg bringt uns durch den Mückenwinkel zur asphaltierten Waldstraße (6,5 km) und zur Försterei Liepe. Auf der mit einem roten Balken gut bezeichneten Straße geht es durch Buchenwald nach Osten. Hier treffen wir auf ein *Hügelgräberfeld*, welches links am Weg liegt und von einer frühen Besiedlung zeugt. Etwas später kreuzt in Nähe eines Douglasienwaldes die von Liepe kommende Waldstraße.

Der nicht mehr markierte Weg verläuft vorbei an der *Försterei Liepe* (8,9 km) durch eine weite Wald- und Wiesenlandschaft. In dem sich später wieder verdichtenden Wald gelangen wir zur

Faulen Brücke. Wir passieren sie, schreiten geradeaus bis zur Einmündung in eine Querstraße (12,4 km). Jetzt biegen wir rechts ein, überqueren die nächste Waldstraße, halten uns an die gelbe Markierung, dürfen aber bei der Linksbiegung (14,4 km) den sogenannten *Holzweg* nicht verpassen, der geradeaus weiter geht.

Der nun immer schmaler werdende, ansteigende und stellenweise verwachsene Pfad führt bei einer großen Schneise links bergab, dann über eine Wiese bald zu den ersten *Gehöften* (16,2 km) von Oderberg. Bei dem *Bürgergarten* biegen wir links ein und folgen kurz darauf rechts der grün markierten Hauptstraße, vorbei an schlichten Fachwerkhäusern zum Oderberger *Marktplatz* (17,5 km). Von hier sind es allerdings noch 3 Kilometer bis zum nördlich gelegenen *Bahnhof.*

8 Chorin - Liepauer Amtsweg - Liepe - Schiffshebewerk Niederfinow

Verkehrsmöglichkeiten Nahverkehrszug Berlin–Pasewalk bis Kloster Chorin. - Rückfahrt: Von Niederfinow mit dem Nahververkehrszug nach Eberswalde und von dort nach Berlin.
Parkmöglichkeiten Eventuell an der Klosterkirche.
Wegmarkierung Sehr unregelmäßig blauer Balken.
Tourenlänge Etwa 8,7 km bis zum Schiffshebewerk, plus 2,5 km bis zum Bahnhof Niederfinow, eventuell Kloster-Schiffshebewerk-Kloster 13 km.
Wanderzeit 2 bzw. $2^1/_2$ Stunden.
Höhenunterschiede Keine nennenswerten.
Wanderkarte TK 1 : 50 000 Eberswalde - Finow, Blatt N 33–112; 1 : 200 000 Generalkarte Blatt 31.
Wissenswertes Kloster Chorin siehe Route 4.
Schiffshebewerk: 1909–14 begann der Bau des modernen, 64,4 km langen, heute noch genutzten, Hohenzollernkanals mit der sogenannten Niederfinower Schleusentreppe. Wegen des hohen Wartungsaufwandes, der langen Schleusenzeit von 2 Stunden und des großen Wasserverbrauchs baute man bald das Schiffshebewerk (11. 5. 1927–21. 3. 1934). - Im etwa 60 m hohen, 94 m langen und 27 m breiten Hebewerkgerüst wird der 85 m lange, 12 m breite, 2,50 m Wassertiefe besitzende und 4300 t schwere Trog in 5 min um 36 m gehoben bzw. gesenkt. Im Trog selbst lassen sich ein 1000-t-Schiff oder vier 250-t-Schiffe transportieren.

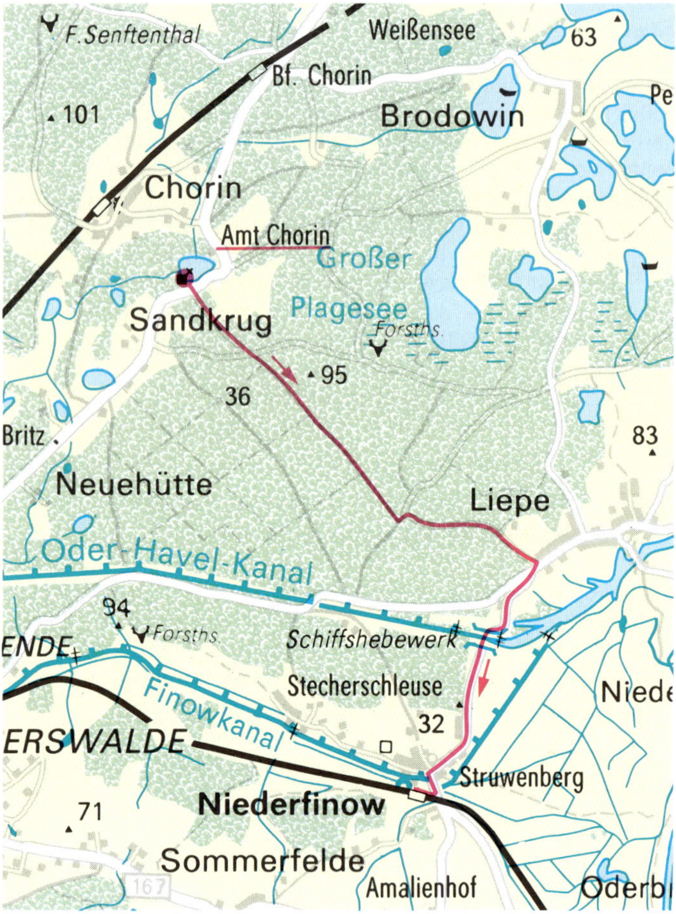

Anmerkungen Der schon als klassisch geltende und viel begangene Wanderweg läßt sich mühelos bewältigen. Die Wanderung kann auch als Rundwanderung absolviert werden. In diesem Fall muß leider der Hin- und Rückweg auf gleicher Route erfolgen. Die Tourenlänge beträgt dann 13 km.

Tourenbeschreibung Vom *Bahnhof* Kloster Chorin wandern wir, wie in der Route 4 beschrieben, zum Kloster (2,2 km), überqueren vorbei am Parkplatz die B 2 und schwenken in den mit Kopfsteinpflaster befestigten, leicht ansteigenden *Liepauer Amtsweg* ein. Zunächst noch mäßig aufwärts, dann auf meist ebenem Weg, durch alten Buchenwald, vorbei an mächtigen

Findlingen, wandern wir immer geradeaus weiter. Etwas später kreuzt *Brodowiner Mühlenweg* (3,3 km). Wir folgen der bisherigen Richtung und gelangen zu einer Schutzhütte (4,4 km), die von Buchen umgeben ist. Wenig später kommen wir zu einer Aussicht, die an der *Schneise* der Erdölleitung Schwedt–Leuna liegt. Auf dem sich durch mannigfaltige Landschaft dahinschlängelnden Weg erreichen wir nach 6,9 Kilometern die früher oft besuchte Sommerfrische *Liepe.*

Die im Mittelalter zunächst von Slawen bewohnten Dörfer Hohenliepe (heute wüst) und Niederliepe kamen bereits um 1308 zum Kloster Chorin. Lange Zeit ohne Bedeutung, verbesserte erst die Wiedereröffnung des Oder-Havel-Kanals (1745/46) die Lage, die wiederum ehemalige Soldaten als Kolonisten anzog. Durch die für den Holztransport günstige Lage am Lieper See wurde der Ort zum wichtigsten ostdeutschen Umschlagplatz für geflößtes Holz.

Im Dorf stoßen wir auf die von Oderberg kommende Landstraße (7,4 km). Nun etwa 200 Meter nach rechts, dann links in die asphaltierte Straße einbiegend, sind wir bald in *Niederfinow* und wenig später, vorbei an der *Treppenschleuse*, am *Schiffshebewerk* (8,7 km). Der kurze Aufstieg zum oberen Umgang wird durch eine Fernsicht belohnt.

Vom Schiffshebewerk können wir die Linienbusverbindungen nach Eberswalde benutzen oder die 2,5 Kilometer bis zum Bahnhof Niederfinow wandern.

Zu Tour 8 **Blick vom Schiffshebewerk** (Foto: Manfred Feller)

9 Eberswalde - Schwärze - Spechtshausen - Nonnenfließ - Schönholz

Verkehrsmöglichkeiten Nahverkehrszug Berlin–Pasewalk – Rückfahrt: Nur werktags (!) mit dem Bus Eberswalde–Spechtshausen–Schönholz.
Parkmöglichkeiten Am Tierpark.
Wegmarkierung Ab Herthateich bis Liesenkreuz blauer Balken, dann ohne und ab Schönholzer Straße wieder blauer Balken.
Tourenlänge Etwa 9,6 km bis Schönholz bzw. 2,5 km bis Spechtshausen (plus 3,5 km vom Bahnhof Eberswalde).
Wanderzeit 2$^{1}/_{4}$ bzw. $^{1}/_{2}$ Stunde.
Höhenunterschiede Keine nenneswerten.
Wanderkarte TK 1 : 50 000 Eberswalde - Finow, Blatt N 33–112; 1 : 200 000 Generalkarte Blatt 31.
Wissenswertes *Eberswalde* liegt nördlich der Barnimplatte am Eberswalder Urstromtal. - Der wichtige Finowübergang begünstige den Ausbau des um 1284 zur Stadt erhobenen Marktflekkens. - Die *Forstakademie* erlangte internationalen Ruhm, nachdem sie unter Mitwirkung Alexander von Humboldts 1830 von Berlin nach Eberswalde verlegt wurde. Bedeutende Lehrer wie Leopold Pfeil (1783–1859) und Lothar Meyer (1830–1895), der Mitentdecker des Periodensystems, beschleunigten die allgemeine Anerkennung. - Sehenswert ist die gotische Backsteinkirche *St. Maria-Magdalena*, die in der zweiten Hälfte des 13. Jh. unter Eindruck der Choriner Klosterkirche auf einem spätromanischen Vorgänger erbaut wurde.
Anmerkungen Den Ausgangspunkt unserer Wanderung erreichen wir vom Bahnhof über die Eisenbahnstraße und im Zentrum über die Rudolf-Breitscheid-Straße nach 3,5 km oder direkt mit dem Stadtbus. - Die Wanderung läßt sich in Spechtshausen abbrechen. - Für eine eventuelle Rückfahrt mit dem Zug kommt nur der etwa 4,5 km von Schönholz entfernt liegende Bahnhof Melchow in Betracht.
Tourenbeschreibung Wir beginnen unsere Wanderung am Tierpark. Er wurde 1928 gegründet, 1945 zerstört und 1958 wieder aufgebaut. In ihm finden wir vorwiegend einheimische Arten und Rassen.

An seinem südwestlichen Ende biegen wir links in den Waldweg zum Herthateich und 20 Meter weiter rechts in den oberhalb einer Schlucht verlaufenden Pfad ein. Vorbei an einer Metallbrücke und dem 1898 angelegten Wasserfall, dann auf einer Holzbrücke einen Schwärzezufluß überquerend, folgen wir wei-

ter dem links am Bach verlaufenden, blau markierten Wanderweg. Der sich dahinschlängelnde Weg führt durch ein anmutiges, mit dichtem Wald bestücktes Tal. Bald gelangen wir vorüber an einer Holzbrücke zu einem einsamen Platz (1,1 km). Hier beginnt die ausgeschilderte *Neuanlage des Forstbotanischen Gartens.*

Anschließend wird auf einem Knüppeldamm mit Holzbrücke die ansehnliche *Schwärze* passiert. Weiter geht es auf dem breiten Weg nach rechts und dann durch Buchenwald immer am östlichen Ufer entlang. Etwas später (1,7 km) biegt rechts der Weg nach Spechtshausen ab. Auf diesem Pfad, einige Stufen nach unten, über eine Holzbrücke, nachher entlang eines Sumpfgebietes und später nochmals über eine Brücke (2,3 km), erreichen wir *Spechtshausen* (2,5 km), von wo aus Busverbindungen nach Eberswalde bestehen.

Der Ort wurde durch die unter Friedrich dem Großen angelegte *Papierfabrik* (1781) für staatliche Wertpapiere bekannt. Das handgeschöpfte, mit einem Specht als Wasserzeichen versehene Büttenpapier war einst in Europa führend. – An dem Werk und dem zur Papierherstellung gestauten Teich vorüber, biegen wir 100 Meter hinter dem westlichen Ortsausgangsschild in den links abzweigenden, blau markierten Weg ein.

Auf dem teilweise mit Feldsteinen gepflasterten Hauptweg geht es durch Buchenmischwald bis zum *Nonnenfließ*. Nach einer Brücke wenden wir uns dem linken Weg zu. Im tief eingeschnittenen, von romantischen Schluchten durchzogenen Tal, halten wir uns immer links von dem Bach, der in zahllosen kurzen und langen Flußschlingen - den sogenannten Mäandern - munter dahin plätschert. Kurz nach der Schutzhütte (5,2 km) am *Liesenkreuz* (nach einem vormals dort befindlichen Kreuz benannt) passiert unser Wanderweg eine breite Waldstraße (6,1 km). Wir wandern auf dem nicht mehr markierten Weg am linken Ufer des Grundes weiter und kommen schließlich, einige Nonnenzuflüsse passierend, zu einer breiten Straße (8,5 km). Dort schwenken wir rechts ein und folgen der blauen Markierung bis zur kleinen Gemeinde *Schönholz*, wo wir unsere Wanderung beenden und mit dem Bus nach Eberswalde zurückfahren.

10 Biesenthal - Hellmühle - Lanke - Liepnitzsee - Wandlitz

Verkehrsmöglichkeiten Nahverkehrszug Berlin-Pasewalk. - Rückfahrt von Wandlitz: Nahverkehrszug Berlin-Karow, günstiger mit dem Bus Bernau-Zerpenschleuse. - Rückfahrt von Lanke: Mit dem Bus Bernau-Biesenthal oder mit einer der vielen anderen Linien bis Bernau.
Parkmöglichkeiten Am Marktplatz.
Wegmarkierung Weitgehend blauer Balken.
Tourenlänge Etwa 17 km bzw. 7 km bis Lanke plus jeweils 2,5 km vom Bahnhof Biesenthal.
Wanderzeit 4 bzw. $1^3/_4$ Stunden plus $^1/_2$ Stunde vom Bahnhof.
Höhenunterschiede Keine nennenswerten.
Wanderkarte TK 1 : 50 000 Eberswalde - Finow, Blatt N 33–112; 1 : 200 000 Generalkarte Blatt 31.
Wissenswertes Das in einer hügligen, seereichen Landschaft am Nordrand des Barnims liegende *Biesenthal* entstand im Schutz einer wahrscheinlich um 1230 angelegten Askanierburg. - Die Pfarrkirche, ein schlichter Neubau mit einem beachtenswerten Innenausbau, stammt von 1764/67 und der neubarocke Zentralbau der katholischen Pfarrkirche von 1908/09. - Der auf dem Schloßberg stehende 26 m hohe Aussichtsturm ist zur Zeit leider gesperrt. - Lohnenswert ist ein Besuch der 1873 angelegten Parkanlagen Sydower Feld. - Bekannt wurde *Wandlitz* vor

Zu Tour 10 **Liepnitzsee** (Foto: Manfred Feller)

allem durch die Waldsiedlung, den von der Bevölkerung abgeschirmten Zufluchtsort der ehemaligen SED-Prominenz (jetzt ein nicht zu besichtigendes Sanatorium). - Im kleinen Museum in der Breitscheidstraße ist die Ortsgeschichte und die Entwicklung der Agrotechnik dargestellt.

Anmerkungen Die Wanderung läßt sich in Lanke abbrechen. Von Lanke bestehen einigermaßen gute Busverbindungen nach Bernau und etwas schlechtere nach Biesenthal.

Tourenbeschreibung Ausgangspunkt der Wanderung ist der *Biesenthaler Marktplatz*, den wir vom Bahnhof entlang der Bahnhofs- und August-Bebel-Straße nach 2,5 Kilometern erreichen. Von hier schreiten wir auf der abfallenden Straße gen Westen, der blauen/grünen Markierung folgend. Der Weg bringt uns vorbei an dem Kriegerdenkmal für die 1870/71 Gefallenen durch die Breite Straße und die *Lankestraße*, entlang einer Lindenallee zu dem links abzweigenden *Alten Hellmühlenweg* (1,4 km). Auf ihm geht es geradeaus bis zu einem breiten Querweg weiter. Wir halten uns links und wandern auf den mit einem blauen Strich und grünen Punkt bezeichneten Weg. Das Hellmühler Fließ begleidet uns dabei durch bewaldetes hügliges Gelände bis zur *Hellmühle* (3,8 km).

Der schöne, von der Walkmühle des 18. Jh. stammende Fachwerkbau lohnt eine Betrachtung. Unser mit einem grünen Punkt markierter Weg verläuft nun unmittelbar am Nordufer des romantischen *Hellsees*. Bald geht es durch den mit alten Eichen und Buchen besetzten ehemaligen Wildpark (Lustgarten).

städt
30
Finow
Samith-
see
11
P
Barnimer
Heide
F.-Wildtränke
78
67
Prenden
Melchow
Schönholz
79
2
BIESENTHAL
Lanke
Tuchen
Hellsee
SIEDL.
Teeb rg
DEWINSE
71
61
Grüntal
Sydow
WUHLWINKEL
Beerbaum
Forsths.
Danewitz
Gratze
Forsths.

Über eine kleine Holzbrücke sollten wir einen kurzen Abstecher zu der durch einen künstlichen Graben vom Festland getrennten, als Erbbegräbnis der Familie v. Wülknitz dienenden Insel unternehmen. – Bedauerlicherweise wurde das Marmordenkmal von 1798 fast ganz zerstört. – Später dürfen wir den links abzweigenden markierten Weg nicht verpassen, der bei einer mächtigen Eiche (6,5 km) beginnt. Der nun etwa 20 Meter durch ein Sumpfgelände führende Pfad ist nach einer längeren Regenzeit kaum passierbar. In diesem Fall müssen wir weiter geradeaus bis zur Straße und dann links nach Lanke wandern.

Der Pfad erreicht bald den ehemaligen, leider stark verwilderten *Lanker Schloßpark*. Er wurde ehemals nach Plänen von Lenné gestaltet. Nach einer kleinen Parkbrücke geht es noch etwa 150 Meter bis zu einer Wegspinne und dort auf dem rechten, ansteigenden Weg bergauf. Vorbei an der Gaststätte *Fischerhütte*, stehen wir vor dem bis zur Wende als Krankenhaus und Pflegeheim genutzten, restaurierten *Lanker Stammschloß* der Grafen von Redern (7 km). – Das Schloß, ein sehenswerter, im Stile der Französischen Revolution mit auffälligen Ecktürmen versehener Putzbau, wurde 1856/59 nach Plänen von Eduard Knoblauch errichtet. In der Nähe befindet sich auch die Bushaltestelle für eine eventuelle Rückfahrt.

Wir wandern auf der Ützdorfer Landstraße weiter, die später dem Südufer des *Obersees* folgt. Etwa 200 Meter nach der *Autobahnunterführung* beginnt wieder die blaue Markierung. Hier zweigt links der Wanderweg ab, der uns auf der Höhe parallel zur Landstraße durch Kiefernhochwald leitet und an einem asphaltierten Waldweg endet. Jetzt links, dann nach etwa 100 Metern bei einer Schutzhütte rechts in den Waldweg und bei der nächsten Gabelung erneut rechts, geht es direkt zum *Liepnitzsee* (10,2 km).

Der fast ringsum von bis zu 75 Meter hohen, bewaldeten Hügeln umgebene See (Seespiegelhöhe von 49 m) bietet mit seiner Insel Großer Werder zu jeder Jahreszeit ein eindrucksvolles Bild. Wir wandern dann auf dem am *Südufer* entlangführenden Uferweg zum Westufer (14 km). Weiter am Ufer entlang kommen wir nach einer kleinen Holzbrücke zu einer *Badestelle.* An dieser Stelle wird der See auf dem nicht markierten Weg nach Westen verlassen. Bald stoßen wir auf eine asphaltierte Landstraße. Hier etwa 150 Meter nach links, dann auf der markierten, asphaltierten Straße nach rechts, kommen wir direkt zu den ersten Häusern von *Wandlitz.* Bei der Bernauer Chaussee rechts abbiegend, ist es nur noch ein kurzes Stück bis zum *Bahnhof* (17 km) und 200 Meter weiter bis zur Bushaltestelle.

Oberbarnim, Niederoderbruch

Die Grundmoränenplatte des Barnims, die das Eberswalder vom Berliner Urstromtal trennt und sich vielerorts als Sandern zeigt, erfuhr während der Frankfurter Phase eine teilweise Überformung und Stauchung (Bad Freienwalde) oder wurde durch Schmelzwasserrinnen (Gamengrund) zerschnitten, so daß als Folge ein reichgegliedertes Gebiet entstand. Besonders eindrucksvoll ist der Steilabfall im Bereich von Bad Freienwalde und Falkenberg, wo die Höhendifferenz über 100 m beträgt. – Das Niederoderbruch entstand im Gegensatz zu dem während der Elsterkaltzeit, aber spätestens zur Saalekaltzeit vorgeformten Oderbruch, erst am Rande der Weichselkaltzeit durch abfließende Schmelzwasser, hauptsächlich aber durch die alte Oder. – Seit dem Sieg der Askanier bei Bornhöved (1227) über die Pommern gehörte das Gebiet fast ununterbrochen zum brandenburgischen und später preußischen Oberbarnim. Erst nach der Länderauflösung am 13. 7. 1952 wurde es bis 1990 dem Bezirk Frankfurt/Oder zugesprochen.

11 Bad Freienwalde - Baasee - Bad Freienwalde

Verkehrsmöglichkeiten Nahverkehrszug Eberswalde–Bad Freienwalde oder mit dem Bus von Bernau bzw. Strausberg.
Parkmöglichkeiten Auf dem Marktplatz in Nähe des Landratsamts. Finden wir eine Parkmöglichkeit in der Goethestraße, läßt sich die Wanderung um etwa 3,5 km kürzen (hin und zurück).
Wegmarkierung Ab Wasserwerk bis zum Baasee grüner Punkt; Rückweg gelber Balken bis Brunnental, dann grüner Balken bis zum Gesundbrunnen von dort ohne.
Tourenlänge Etwa 16,5 km bzw. 13 km bei Start am Wasserwerk in Nähe Goethestraße.
Wanderzeit 4 bzw. 3 Stunden.
Höhenunterschiede Etwa 200 Meter An- und Abstieg.
Wanderkarte 1 : 50 000 Der Oberbarnim, Herausgeber: Fremdenverkehrsverein Bad Freienwalde. 1 : 200 000 Generalkarte Blatt 31.
Wissenswertes *Bad Freienwalde* liegt am zerklüfteten Nordrand der bewaldeten Barnim-Hochfläche am Niederoderbruch. - Die am nahegelegenen Oderübergang gegründete deutsche Stadt wurde im Schutz einer wettinischen oder askanischen Burg erbaut und 1316 erstmals erwähnt. Von der Gründung bis zum Aussterben derer von Uchtenhagen (Anfang des 17. Jahrhunderts) gehörte sie dann zu diesem Herrschaftsbereich. - Die 1683

Zu Tour 11, 13, 14 **Bad Freienwalde: Rathaus von 1855** (Foto: Manfred Feller)

bis 1684 erschlossenen Mineralquellen machten Freienwalde unter dem Großen Kurfürsten zu einem höfischen Kurort. – Von dem an Sehenswürdigkeiten reichen Ort wäre an erster Stelle das von Gilly für Königin Friederike Luise erbaute und später von Walther Rathenau 1909 bis zu seiner Ermordung 1922 bewohnte Schloß zu nennen. – Die auf einem Feldsteinunterbau aus dem 13. Jh. stehende spätgotische Pfarrkirche St. Nikolai stammt aus der Mitte des 15. Jh., der Turmabschluß mit hohem Helm allerdings erst von 1875. Von den weiteren Sehenswürdigkeiten sind zu nennen; der kleine hübsche Fachwerkbau der Georgenkapelle von 1669 (heute Konzerthalle), das ehemalige Freihaus derer von Uchtenhagen (jetzt Oderlandmuseum), um 1697 als Fachwerkhaus erbaut und 1760 mit einer Putzfassade versehen, das im Gesundbrunnen nach Plänen von Langhans (Schöpfer des Brandenburger Tors) 1789/90 im klassizistischen Stil als Logier- und Badehaus erbaute Landhaus mit Halbkreisnische, Frontispiz und dorischen Säulen und die Kurfürstenquelle. – Lesenswert ist das Kapitel »Freienwalde« im Band 2 (Oderland) der Fontaneschen »Wanderungen«.

Tourenbeschreibung Vom *Bahnhof* wandern wir die Bahnhofstraße bis zum *Markt*, werfen einen Blick auf die Pfarrkirche und das Freihaus derer von Uchtenhagen, biegen dann links in die *Hauptstraße* ein, beachten dabei die Georgskapelle, unterqueren die Hochstraße, schwenken gleich danach rechts in die *Gartenstraße* und etwas später in die links unterhalb des Monte Caprino (vom italienischen Sprachlehrer Valentini so benannt) verlaufende *Goethestraße* und schließlich an deren Ende links in die *Sonnenburger Straße* ein. Von hier sind es nur noch wenige Schritte bis zu dem 1896 erbauten *Wasserwerk* (1,9 km). Es geht dann auf der asphaltierten Straße geradeaus bis zum etwa 150 Meter später rechts abzweigenden *Siebenhügelweg*, der mit einem grünen Punkt markiert ist.

Nachdem wir eine kleine Schlucht durchquert haben, führt der Weg ständig bergauf bis zum eigentlichen Siebenhügelweg. Nun bergauf und bergab, durch Buchenwald, entlang alter Kiefern- und Fichtenbeständen, gelangen wir, vorbei an Douglasien, zur *Otto-Kühn-Schutzhütte* (4,5 km). Kurz vorher kreuzt der Rückweg. Auf bequemem, allmählich abfallendem Weg durch dichten Wald, passieren wir die alte breite *Torgelower Straße.* Einige Stufen bringen uns zu dem Weg oberhalb des Baasees. Auf dahinschlängelndem Weg nähern wir uns Schritt für Schritt dem unter uns durch die Bäume schimmernden See.

Nach kurzem Abstieg kommen wir zur *Südspitze* (6,6 km) des romantischen *Baasees*, der, völlig vom Wald und Bergen einge-

schlossen, fast einem Gebirgssee gleicht. Er entstand durch einen riesigen Brocken schmelzenden Toteises. - Obwohl eine Seeumwanderung prinzipiell möglich ist, dürfte der sich hier bietende Blick wohl von keiner anderen Stelle am Baasee übertroffen werden, so daß sich eine Seeumrundung erübrigt.

Der Rückweg folgt zunächst dem Herweg, bis nach etwa 500 Metern der mit einem gelben Balken markierte Rückweg abzweigt. Wir wandern zuerst an jungen Fichten vorbei, treten dann in Buchenmischwald ein und kommen bald wieder zur *Torgelower Straße* (7,7 km). Der markierte, angenehme Wanderweg verläuft nun durch Gebiete mit Aussichten. Im weiteren Verlauf wendet sich der Weg scharf nach rechts (8,5 km). Jetzt verlassen wir ihn und folgen der Markierung nach links.

Wenig später mündet er in den breiten *Gerhart-Hauptmann-Weg*, der nach dem hier oft verweilenden Dichter benannt ist. Diesen beschreiten wir etwa 150 Meter nach rechts und wenden uns dem links abgehenden schmalen Pfad zu. Bereits nach kurzer Zeit geht rechts der Wanderweg von diesem Pfad ab. Der hier steil ansteigende Weg mündet in einen Querweg. Nun halten wir uns links und kommen bald zum *Siebenhügelweg*. Unser Weg kreuzt ihn etwa 150 Meter vor der Schutzhütte und folgt dann der angezeigten Richtung zum Brunnental. Vor einem

Zu Tour 11 **Schutzhütte am Siebenhügelweg** (Foto: Manfred Feller)

Birkenwäldchen biegt der Weg rechtwinklig ein. Dieser fast ständig fallende Weg bringt uns entlang einer links liegenden Schlucht in ein anmutiges Tal und wenig später in das mit einer breiten Fahrstraße durchzogene *Brunnental* (11 km). Hier rechts einbiegend, geht es ein kurzes Stück talabwärts bis zum rechts abzweigenden, schmalen Pfad. Der Pfad führt durch den *Deutschmanngrund*, einer parallel zum Brunnental verlaufenden Schlucht von Mittelgebirgscharakter. Der beschriftete Findling erinnert an den verdienstvollen Gestalter vieler schöner Wanderwege, Ausblicke und Schutzhütten.

Nach Verlassen des Grundes folgen wir der grünen Markierung weiter durch das Brunnnental und gelangen bald zu dem schon von Fontane beschriebenen *Gesundbrunnen* (12,8 km). Er äußert sich darüber in seinen »Wanderungen«: »Dieselben Hügelreihen, die den Weg zum Brunnen bilden, bilden schließlich auch das Brunnental selbst, das nichts anderes ist als eine erweiterte Talschlucht, ein Kessel, zu dem sich der Weg verhält wie eine schmale Straße zu einem breiten Platz auf den sie einmündet«. - Leider ging vieles von dem einstmals geschlossenen Anblick durch den um 1960 vorgenommenen Abriß einiger Kurhausbauten verloren. Beachtenswert ist das noch immer prächtige *Landhaus* und der an die vergangene Zeit erinnernden *Fürstenbrunnen*.

Vor dem Kurteich wenden wir uns nach rechts und wandern auf dem *Fürstensteig*, entlang Linden, vorbei am Wasserwerk zu unserem Ausgangspunkt zurück.

12 Falkenberg - Cöthen - Gamensee - Falkenberg

Verkehrsmöglichkeiten Nahverkehrszug Eberswalde-Bad Freienwalde oder mit dem Bus von Bernau bzw. Strausberg.
Parkmöglichkeiten Am Bahnhof.
Wegmarkierung Vom »Zum Falken« bis Wasserfall blauer Balken, dann bis Cöthen ohne, von dort bis zum Kleinen Gamensee blau, dann bis zum Südende des Großen Gamensees ohne, von hier bis zur Nordspitze nochmals blau und schließlich bis zum Schluß ohne.
Tourenlänge Etwa 16,5 km.
Wanderzeit 4 Stunden.
Höhenunterschiede Etwa 120 Meter An- und Abstieg.
Wanderkarte 1 : 50 000 Der Oberbarnim, Herausgeber: Fremdenverkehrsverein Bad Freienwalde. 1 : 200 000 Generalkarte Blatt 31.
Wissenswertes Das 1334 erstmals erwähnte ehemalige Fischerdorf *Falkenberg* gehörte seit Anfang des 15. Jh. zum Herrschaftsbereich der Familie Holtzendorf. Die spätere Entwicklung zum beliebten Luftkurort und Ausflugsziel der Berliner wurde wesentlich durch Karl Friedrich von Jena mit der Anlage von parkähnlichen Wäldern um den Paschenberg, der Errichtung des Cöthener Schloßparks und den Bau der Karlsburg gefördert. - Die reizvoll gelegene, nach ihrer 1945 erfolgten Zerstörung wieder hergestellte Falkenberger Dorfkirche wurde 1820 erbaut. - Fontane, der im Band 2 der »Wanderungen« Falkenberg ein eigenes Kapitel zueignete, weilte in Zusammenhang mit dem Besuch seines Vaters (siehe Route 14) von 1860 bis 1867 mehrmals in diesem Ort.
Tourenbeschreibung Ausgangspunkt der Wanderung ist der *Bahnhof* Falkenberg. Wir schreiten nach Südwesten bis zur Hauptstraße, schwenken dort links ein, gehen an der Gaststätte *Zum Falken* vorbei und schlagen den rechts abzweigenden (Wegweiser nach Cöthen) Weg ein. Entlang Eichen und Buchen stoßen wir bald auf die blaue, uns weiter begleitende Markierung. Am Ortsende (2 km) steht im rechts gelegenen Hof, des 1821 von Karl Friedrich von Jena als Sommersitz *»Mon choix«* erbauten Fachwerkhauses, das prächtige Exemplar eines *Ginkgo Baumes*.

Wir biegen danach links in den Weg ein, folgen ihm bis zur scharfen Linkskurve und benutzen den rechts abzweigenden Pfad, in Gesellschaft des rechts munter dahinplätschernden Baches. Bald wird ein hier nicht zu erwartender *Wasserfall*

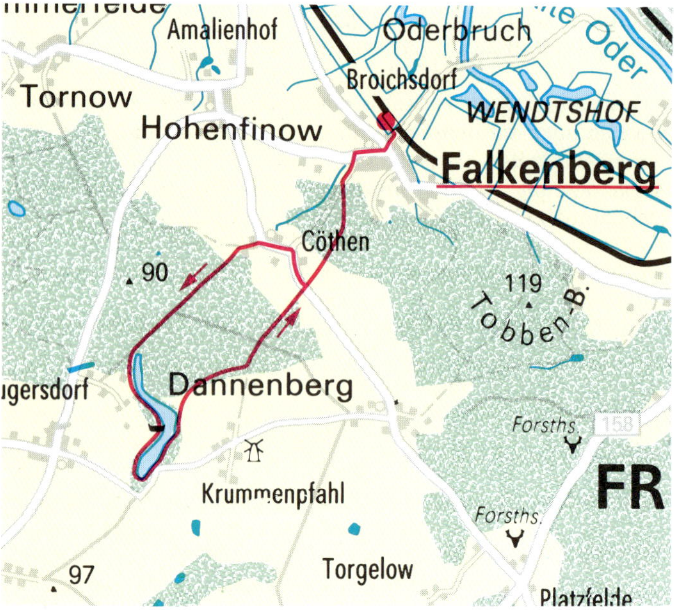

erreicht. Unser nun unmarkierter, breiter Weg führt über die Holzbrücke und dann gleich links bergauf. Der allmählich in einen Pfad übergehende Weg schlängelt sich durch den Kiefern-Mischhochwald des ehemaligen Parks, bis er in einen breiten Querweg mündet. Auf ihm nach rechts, sind wir nach kurzer Zeit am Waldrand.

Nach kurzem Aufstieg durch Wiesen stößt der Wanderweg auf die *Cöthener Chaussee* (3,2 km). Diese Stelle gilt es für den Rückweg zu merken. Die hier nun weite Aussicht zeigt rechts Cöthen, unser nächstes Ziel. Immer auf der Chaussee bleibend, wird bald das leider nur noch wenig an seine Glanzzeit unter den Herren von Jena erinnernde *Cöthen* erreicht.

Hier treffen wir nach der Linkskurve auf unsere blaue Markierung. An der beachtenswerten *Cöthener Dorfkirche* sollten wir einen Moment verweilen, denn sie wurde unter der Einflußnahme Schinkels um 1830 im klassizistischen Stil erbaut, hinterläßt allerdings zur Zeit einen heruntergekommenen Eindruck. Der für die Gegend ungewöhnliche, *freistehende Glockenstuhl* mit einer Glockeninschrift von 1300 verdient ebenso unsere Aufmerksamkeit, wie die in unmittelbarer Nähe stehende alte *Dorfschule* und der *Gedenkstein* an Paul Matzdorf. Matzdorf gab mit einem Leipziger Verleger die Zeitschrift »Jugend- und Volksbühne« heraus. Daneben widmete er sich der Medaillenkunst. Seinem Fontanerelief begegnen wir auf der Route 13.

Hinter der Kirche wird die Hauptstraße verlassen. Wir folgen der bisherigen Richtung und gelangen links auf sonnigen Weg vorbei an einem einsamen Haus zum Wald und bald zum *Parkplatz* (4,5 km), der an der Grenze des Landschaftsschutzgebietes liegt. Auf gut markiertem Weg geht es durch herrlichen Waldbestand. Nach 6,5 Kilometern erreichen wir die verlandete Nordspitze des *Kleinen Gamensees*. Den ersten links abzweigenden Weg beachten wir nicht (er führt über das Ostufer nach Leuenberg), sondern wählen den unmarkierten *Westuferweg*, der 20 Meter danach links abgeht. Der nun fast eben verlaufende, plötzlich den Wald verlassende und dort in einen Wiesenweg übergehende Weg gewährt Blicke zum Kleinen Gamensee. Später entfernt sich der Weg zwischen dem Kleinen und Großen Gamensee vorübergehend vom Wasser.

Bald sind wir am *Großen Gamensee* (8 km). Der dem Kleinen Gamensee in seiner Schönheit nicht nachstehende See ist besonders auf der stillen Westseite ein Anziehungspunkt für Naturfreunde.

Am *Südende des Sees* (9 km) biegen wir nach Passieren einer Schlucht links in die von Gersdorf kommende Straße und kurz danach noch einmal links, vorüber an einer Gaststätte, in die zum See führende asphaltierte Straße ein. Der Wanderweg streift nun die im Sommer belebte Liegewiese und verläuft dann als schmaler Pfad in Ufernähe. Auf ihm gelangen wir schließlich

Zu Tour 13 **Am Teufelssee** (Foto: Manfred Feller)

zum *Nordende* des Großen Gamensees (10,1 km), wo sich der Weg dann vom See entfernt. Bei der nächsten Wegegabelung benutzen wir den rechten, nordöstlichen, unmarkierten Weg. Wir wandern den Hauptweg entlang, halten uns bei der nächsten Gabelung (10,9 km) links, bei der folgenden rechts und kommen direkt zum breiten *Krummenphaler Waldweg* (11,8 km). Hier schwenken wir links ein und schreiten auf ebenem Weg durch dichten Wald immer nach Nordosten. Bald gewährt der *Waldessaum* (12,5 km) einen überraschenden Blick über die Landschaft. Im Norden zeigt sich das nicht mehr allzuweit entfernte Cöthen.

Auf dem jetzt zwischen Wiesen und Feldern verlaufenden Weg stoßen wir nach einer Vereinigung auf einen aus Dannenberg kommenden Feldweg und später auf die asphaltierte Landstraße. Auf dem Hinweg geht es die Landstraße überquerend, zurück bis zum Wald und dort auf dem links abzweigenden Pfad bergab bis zum Wasserfall. Wir biegen dort in die Waldstraße ein und erreichen nach einer reichlichen halben Stunde Falkenberg.

Lohnenswert ist ein abschließender Besuch der bekannten *Karlsburg* (Gaststätte) mit ihrer berühmten Aussicht, die einen Vergleich mit einem Mittelgebirgsblick nicht zu scheuen braucht. - Hier schrieb *Fontane:* »Was ihr als Aussichtspunkt einen besonderen Reiz verleiht, ist die aparte Schönheit des Vordergrundes, des Dorfes Falkenberg selbst, über Schluchten, Dächer und Türme hinweg der Blick zu der weiten, grünen Fläche des Bruches hinüberschweift.«

13 Bad Freienwalde - Teufelssee - Ahrendskehle - Falkenberg

Verkehrsmöglichkeiten Siehe Route 11 und 12.
Parkmöglichkeiten Auf dem Marktplatz in Nähe des Landratsamts.
Wegmarkierung Bis zum Teufelssee blauer Balken, Ahrendskehle bis zur Dannenberger Straße grüner Punkt, bis Lust Partie ohne und dann bis zum Schluß blauer Balken.
Tourenlänge Etwa 10,8 km.
Wanderzeit 2 3/4 Stunden.
Höhenunterschiede Etwa 150 Meter An- und Abstieg.
Wanderkarte 1 : 50 000 Der Oberbarnim, Herausgeber: Fremdenverkehrsverein Bad Freienwalde. 1 : 200 000 Generalkarte Blatt 31.
Wissenswertes *Bad Freienwalde* siehe Route 11 und *Falkenberg* Route 12.

Anmerkungen Die aussichtsreiche Wanderung empfiehlt sich besonders zur unbelaubten Zeit. – Autofahrer können ihr Auto in Bad Freienwalde parken und von Falkenberg mit dem Zug oder Bus nach Bad Freienwalde zurückfahren.

Tourenbeschreibung Vom *Marktplatz* wenden wir uns der zwischen der Pfarrkirche und dem Freihauser der von Uchtenhagen (jetzt Oderlandmuseum) entlangführenden Uchtenhagenstraße zu und folgen ihr bis zur Rechtskurve. Hier geht es in die von den Weinbergen begrenzte *Weinbergstraße*. Etwa gegenüber der *Kollwitzschule*, dem ehemaligen kgl. Gymnasium, beginnt zwischen den Grundstücken auf der rechten Seite der blau markierte Fontane-Wanderweg. Auf der Bergtreppe wird schnell der *Ruinenberg* (64 m) erstiegen. Hier liegt rechts die von Reichenbach 1820 errichtete, nachempfundene Ruine. Sie wurde auf einem mittelalterlichen Burghügel mit Halsgraben erbaut und ist leider nicht mehr zugänglich. Ein etwas begrenzter, hübscher Blick belohnt den kurzen Abstecher.

Zurück an dem Ausgangspunkt, wählen wir von den drei Wegen den mittleren. Auf dem in größeren Abständen markierten, durch Eichen- und Buchenmischwald führenden, mäßig ansteigenden Kammweg wird bald der mit Ruhebänken ausgestattete *Akazienberg* (96 m) erreicht. Unser noch ansteigender

Weg mündet wenig später in einen Querweg. Etwa 40 Meter weiter gelangen wir bei zwei prächtigen Eichen zu einer Wegegabelung. Hier schlagen wir den linken Weg ein, es geht zunächst noch ein Stück auf dem Kamm entlang, bis dann der Weg sanft nach unten abfällt. Vorbei an Wegweisern mit recht unzuverlässigen Entfernungsangaben, biegen wir in den nächsten Querweg rechts ein. Der absteigende Weg endet im *Hammertal* (2,4 km), das nach einem bis in das 18. Jh. dort arbeitenden Eisenhammer benannt ist.

Der Wanderweg folgt nun der im reizvollen Tal entlangführenden asphaltierten Straße vorüber an der alten Kirchen-Ziegelei nach links in die südliche Richtung. Am munter plätschernden Bach dahinwandernd, wobei wir die Quelle beachten, gelangen wir zur ehemaligen Kietzmühle, der heutigen *Jugendherberge* (3,1 km). Am Zaun entlang biegen wir dann in die breite Waldstraße links ein. Die Landschaft öffnet sich plötzlich und wir erreichen den einsamen *Teufelssee*. Der völlig von Bergen eingeschlossen ist und einem Bergsee ähnelt.

An dieser Stelle verlassen wir den Fontane-Wanderweg und steigen geradeaus in die mit einem grünen Punkt gekennzeichnete *Ahrendskehle* ein. Entlang eines Gebirgsbaches kommen wir in enger Schlucht ständig aufwärts durch eines der schönsten Gebiete Brandenburgs. Der Weg mündet schließlich am Ende eines steilen Anstieges in einen Waldweg (5,4 km), dem wir dann nach rechts bis zur nicht mehr markierten *Dannenberger Straße* folgen. Hier halten wir uns rechts, es geht auf bequemem Höhenweg vorbei an herrlichen Kiefernwäldern, dann wieder entlang an Fichtenwäldern und später durch einen Hohlweg bis zur rechts einmündeten, blau gekennzeichneten Schlucht, der sogenannten *Lust Partie* (6,8 km).

Hier wählen wir die Seite mit dem ansteigenden Weg. Auf dem Gipfel des Watzmann Berges wendet sich der Wanderweg nach links (Achtung! Hier nicht weiter geradeaus gehen) und führt nun als Kammweg durch ein recht hügliges Terrain. Bald erwartet uns eine Fernsicht mit einem Blick zum Oderbruch und den begrenzenden Berghängen. Gleich hinter der *Schutzhütte* (8,4 km) geht es bei der Wegegabelung links weiter. Schließlich beginnt der Abstieg zur Talstraße (9,1 km). Dort halten wir uns rechts, vorbei an einem Waldsee und dem *Fontanegedenkstein* von Paul Matzdorf (siehe Route 12), erreichen wir rasch Falkenberg, das Wanderziel.

14 Bad Freienwalde - Schiffmühle - Bergkolonie - Bralitz

Verkehrsmöglichkeiten Siehe Route 11 - Rückfahrt: Von Bralitz mit dem Nahverkehrszug Angermünde-Frankfurt/O bis Bad Freienwalde.
Parkmöglichkeiten Auf dem Marktplatz in Nähe des Landratsamts.
Wegmarkierung Bis Bergkolonie grüner Balken, dann ohne.
Tourenlänge Etwa 10,1 km.
Wanderzeit 2 1/2 Stunden.
Höhenunterschiede Etwa 100 Meter An- und Abstieg.
Wanderkarte 1 : 50 000 Der Oberbarnim, Herausgeber: Fremdenverkehrsverein Bad Freienwalde. 1 : 200 000 Generalkarte Blatt 31.
Wissenswertes *Bad Freienwalde* siehe Route 11 - Um 1873 entstand die Gemeinde Schiffmühle, und um 1755/60 erfolgte die Gründung des königlichen Kolonistendorfes Neutornow. Beide Gemeinden sind eng mit Fontanes Vater Louis Henri Fontane verbunden. In Schiffmühle steht sein Wohnhaus, in dem er 1867 starb und auf dem Friedhof von Neutornow befindet sich sein Grab.
Anmerkungen Die Wanderung läßt sich bei Benutzung der zwischen Bad Freienwalde und Schiffmühle verlaufenden Landstraße um etwa 1 km kürzen. - Autofahrer können ihr Fahrzeug

Zu Tour 14 **An der Alten Oder bei Schiffmühle** (Foto: Manfred Feller)

in Bad Freienwalde parken und dann von Bralitz mit der Bahn zurückfahren.

Tourenbeschreibung Der Wanderweg folgt vom Bahnhof, nach dem *Bahnübergang* zunächst der in Richtung Schiffmühle führenden Landstraße bis zur ehemaligen Bade- und Schwimmanstalt. Dort biegen wir links in den grün markierten *Wendshofer Weg* ein und wandern auf dem sonnigen Weg mit weiten Aussichten über die Bahngleise bis zu einem Teich, den sogenannten *Bauerngraben.* Der hier rechts abbiegende hübsche Wiesenweg, bringt uns immer entlang des Grabens zum Nordufer. Ohne die hier etwas irreführende Markierung zu beachten, wird der Damm erklommen. Dieser bringt uns nach rechts, entlang der Alten Oder zur Landstraße (3,6 km).

Hinter der Brücke stoßen wir auf den nach Plänen von Karl Friedrich Schinkel 1834 errichteten, zweigeschossigen Putzbau des ehemaligen *Chausseehauses* (3,9 km). Rechts davon steht als zweites Haus das *Wohnhaus von Louis Henri Fontane.* Der markierte Wanderweg setzt sich links vom Chausseehaus als schmaler Pfad fort, trifft nach etwa 150 Meter auf die Landstraße und zweigt nach weiteren 200 Metern rechts und 20 Meter später bei der nächsten Wegegabelung links ab. Durch Kiefernhochwald, vorbei an einem Lärchenwald führt der Weg und steigt zwischen Hügeln kontinuierlich an. Kurz nach einer besonders sandigen Stelle (5,4 km) wendet sich der Weg leicht nach links. Hier können wir geradeaus wandern oder den rechts abgehenden markierten Pfad einschlagen, der auf den bewachsenen Hängen des ehemaligen Alaunabbaugebietes verläuft, aber länger ist. Bei einer Entscheidung für den direkten Weg - den wir auch ein Stück für den Rückweg benutzen - wird nach 5,8 Kilometern die idyllische *Bergkolonie* erreicht, die auf einer freien, vom Wald umsäunten Hochfläche liegt.

Von hier aus gelangen wir mit einem Abstecher (hin und zurück weniger als 1 km) zu dem in Neutornow befindlichen *Grab von Fontanes Vater.* Dazu wenden wir uns auf der asphaltierten Straße nach rechts in die südöstliche Richtung und biegen bei dem Geschwindigkeitsbegrenzung- und dem Gefälleschild rechts in den zum Friedhof führenden Weg ein. Der Grabstein mit seiner fehlerhaften Inschrift (Hanri an Stelle von Henri) befindet sich an der Südseite der 1770 erbauten *Pfarrkirche.* Fontane erwähnt ihn in »Meine Gräber«, dort steht: »Am Ufer Werft und Schilf und Rohr, und am Abhange schimmern Kreuze hervor. Auf eines fällt heller Sonnenschein - Da hat mein Vater seinen Stein.«

Wir verlassen die Bergkolonie unmittelbar hinter dem letzten Haus auf den links einmündenden Herweg. Bei der nächsten Wegegabelung ist der rechts in den Wald führende, nun nicht mehr markierte Weg einzuschlagen. Durch einsamen Wald gelangen wir zur *B 158* (6,8 km). Diese überquerend, geht es in der

Märkische Landschaft (Foto: Michael Biedowicz)

bisherigen Richtung weiter. Nun immer, auch bei der Rechtskurve des Hauptweges, geradeaus weiter wird auf dem schmalen, zum Wald hinführenden Weg nach etwa 100 Metern eine Wegegabelung erreicht. Hier wählen wir den linken Weg und wandern, ohne abzweigende oder Querwege zu beachten, durch Nadelwald, dann wieder durch Buchenwald, später vorbei an einer offenen Wiesenlandschaft und erneut in den Wald bis zur breiten *Bralitz-Neunhagener Chaussee* (9,1 km). Dort biegen wir links ein und sind nach etwa einem Kilometer am *Bralitzer Bahnhof.*

Märkische Schweiz

Noch zu Fontanes Zeiten stritten sich Freienwalde und Buckow um den für die Fremdenwerbung so wichtigen Namen »Märkische Schweiz«. Erst Anfang des Jahrhunderts identifiziert man mit der »Märkischen Schweiz« ein etwa dreieckiges, zwischen Bahnhof Müncheberg, Bollersdorf, Pritzhagen, Eichendorfer Mühle, Münschehofe und Dahmsdorf liegendes 40 Quadratkilometer großes Gebiet. Seine nordwestliche Grenze bildet die Barnimer Hochfläche und seine südöstliche die Lebusplatte. Zentrum des Areals ist die am Schermützelsee gelegene märkische Kleinstadt Buckow. Ursprünglich gehörte das Gebiet zum Machtbereich der schlesischen Herzöge (1225 Heinrich I.) und nach seiner Übereignung (1253) auch zum ehemaligen schlesischen Zisterzienser Kloster Leubus in Müncheberg. Wahrscheinlich unter Otto IV. mit dem Pfeil (um 1238/1266–1309) kam es 1287 in askanischen Besitz und damit auch zur Mark Brandenburg.

15 Strausberg - Fängersee - Strausberg

Verkehrsmöglichkeiten S-Bahn Charlottenburg - Strausberg-Nord bis Strausberg-Stadt.
Parkmöglichkeiten In Nähe des Landratsamtes.
Wegmarkierung Bis Wesenthaler Straße grüner Punkt, dann gelber Punkt.
Tourenlänge Etwa 13 km.
Wanderzeit 3 Stunden.
Höhenunterschiede Keine.
Wanderkarte 1 : 15 000 Stadtplan Strausberg und Umgebung. 1 : 200 000 Generalkarte Blatt 33.

Wissenswertes Umgeben ist die am Rande der Barnimer Grundmoränenplatte liegende Stadt von breitem bewaldeten Sanderflächen. - Die frühgotische Stadtkirche St. Marien, eine qualitätsvolle Pfeilerbasilika aus Feldsteinquadern (Mitte des 13. Jh.), gehört mit ihren strengen Formen zu den beachtenswerten Baudenkmälern der Mark Brandenburg. Interessant ist die weitgehend aus der Gründerzeit stammende Ostwand mit ihren drei schlanken Fenstern und dem 1815 vom Garzenauer Park nach hier umgesetzten Portalvorbau der Westwand. - Im Südosten und Südwesten der Stadt sind noch Teile der Stadtbefestigung und einige rechteckige Weichhäuser erhalten.

Tourenbeschreibung Vom still gelegenen *Marktplatz* mit dem klassizistischen Rathaus von 1825, dem Ausgangspunkt unserer Wanderung, wenden wir uns nach einer Besichtigung der *Marienkirche* nach Osten zur *Großen Straße.* - Den Markt erreichen wir auch problemlos vom S-Bahnhof Strausberg-Stadt über die westlich gelegene Müncheberger Straße, dann rechts die Große Straße einbiegend.

Wir folgen der Großen Straße bis zur nächsten Gabelung, biegen dort links ein und befinden uns in der von Kastanienbäumen gesäumten *Badstraße.* Der Weg führt die Strausseer Badestelle und die Liegewiesen streifend zur asphaltierten *Gielsdorfer Straße.* Auf ihr wandern wir ca. 400 Meter entlang, genießen die Aussichten des Nordostufers, später auch des Nordwestufers des *Straussee* bis etwa 100 Meter vor dem Ortsausgangsschild rechts

Zu Tour 15 **Weg zur Wesenthalermühle** (Foto: Manfred Feller)

eine Straße abzweigt. Hier überqueren wir die Straße, wandern auf der Friedrich-Schiller-Höhe, vorbei an gepflegten Grundstücken auf der mit einem gelben Punkt bezeichneten *Wesenthaler Straße* gen Westen. Nach der Siedlung endet die Straße in einer Wegspinne. Hier wählen wir den rechten, gut markierten Weg. Auf ebenem Weg geht es durch Mischwald mit Kiefern, Fichten, Birken, Buchen später auch durch Eichenwald immer geradeaus; den abzweigenden Weg zur Fähre beachten wir nicht. Schließlich fällt der Weg leicht ab. An dieser Stelle (6,2 km) befindet sich eine einladende Bank, wo der Weg links zur Spitzmühle abzweigt. Wir laufen aber zunächst noch durch dichtes Unterholz bis zur idyllisch liegenden *Wesenthaler Mühle* (6,7 km). Der ansehnliche Fachwerkbau der Mühle mit seinem sich noch drehenden Wasserrad beherbergt heute eine Gaststätte.

Zurück zum Abzweig Spitzmühle geht es auf Waldwegen durch Eichenwald am *Fängersee* entlang. Nach 7,8 km wird die *Badestelle* erreicht. Wir folgen in Ufernähe dem Weg, gelangen auf eine breite Straße (9,2 km), die rechts zum Hotel *Spitzmühle* führt. Hier biegen wir links ein und schreiten auf der asphaltierten Straße in südöstliche Richtung. Bereits nach etwa 400 Metern verlassen wir sie mit dem links abzweigenden Waldweg, dem sogenannten *Turmgestell.* Bequem gelangen wir im angenehm schattigen Wald zur breiten *Umgehungsstraße* (11,8 km).

Gegenüber zeigt sich eine Wegegabelung, wo wir den rechten Weg wählen. Entlang einer Birkenallee geht es durch Buchen-, Fichten- und Lärchenwald bis zur *Fähre* (12,4 km), mit der dann der Straussee überquert wird. Am anderen Ufer erreichen wir schnell den Markt, wenn wir ein Stück geradeaus gehen und dann links in die Große Straße einschwenken. Rechts führt uns der Weg nach wenigen Metern zur Endhaltestelle, der zum S-Bahnhof Strausberg fahrenden Straßenbahn.

16 Buckow - Krugberg - Wurzelfichte - Bollersdorfer Höhe - Buckow

Verkehrsmöglichkeiten Nahverkehrszug Berlin-Müncheberg ab Lichtenberg oder Strausberg, weitere auf der Strecke Müncheberg-Buckow. - Außerdem verkehren Busse von Strausberg.
Parkmöglichkeiten Schermützelsee gegenüber dem Freibad.
Wegmarkierung Bis Poetensteig blauer Balken, bis zum Moritzgrund grüner Balken, weiter bis zum Krugberg roter Balken, von dort gelber Punkt, ab Drachenkehle unbestimmt.
Tourenlänge Etwa 8,4 km ab Parkplatz plus 2 km bis zum Bahnhof.
Wanderzeit 2¹/₄ Stunden.
Höhenunterschiede Etwa 200 Meter, streckenweise auch etwas steile An- und Abstiege.
Wanderkarte TK 1 : 50 000 Fürstenwalde, Blatt N 33-125; 1 : 200 000 Generalkarte Blatt 33.
Wissenswertes Da wegen des Sandbodens und des hügligen Geländes eine Ackerbewirtschaftung unrentabel war, entstand unter Einfluß der Leubuser Mönche (Müncheberg), das bis Ende des 17. Jh. bedeutungsvollste märkische Hopfenanbaugebiet.

Vorübergehend versuchte man es um 1780 mit der Seidenraupenzucht und später auch mit der Rosenzucht. Aber erst der Fremdenverkehr brachte die Veränderung. Ende der 20er Jahre war Buckow mit etwa 80 000 Übernachtungen die beliebteste märkische Sommerfrische. - Von den von Fontane beschriebenen Sehenswürdigkeiten ist leider kaum noch etwas vorhanden. Die Kirche brannte 1945 aus, und das Schloß wurde 1947 abgerissen. Nur das Straßenpflaster von dem Fontane berichtete: ». . . sein Straßenpflaster, um das Schlimmste vorwegzunehmen, ist lebensgefährlich« ist noch vorhanden. Auch weitere Prominente wie Zelter, Chamisso, Eichendorff und zuletzt Brecht waren Bewunderer der Märkischen Schweiz.
Anmerkungen Die Wanderung besitzt einen etwas mühevollen Anstieg zum Krugberg und einen beschwerlichen Abstieg zum

Schermützelsee. Wegen des problematischen Abstiegs sollte nach einer Regenperiode der Rückweg von der Bollersdorfer Höhe über die Landstraße erfolgen.

Tourenbeschreibung Unsere Wanderung beginnen wir gegenüber dem Parkplatz am *Freibad* Schermützelsee. – Vom Bahnhof erreichen wir es nach einer 2 Kilometer langen Wanderung über die Hauptstraße, Berliner Straße, den Markt, dann am Warmbad vorbei durch den von Lenné errichteten Stadtpark (dort links haltend). – Der Wanderweg folgt der Hauptstraße. Hinter dem ehemaligen FDGB-Heim »Theodor Fontane« richten wir uns nach der blauen Markierung und biegen nach der *Steinbrücke* in den ersten rechts abgehenden Weg (Wegweiser »Zur Wurzelfichte«) ein.

Der oberhalb des wildbachartigen *Sophienfließ*, durch Buchenwald verlaufende Weg bringt uns zu einem romantischen Ruheplatz. Die Holzbrücke führt uns über den Bach. Dort sollten wir auf den Knüppeldamm die kurze Strecke bis zu dem Aussichtspunkt wandern und einen Blick in die Schlucht werfen. Unser jetzt als *»Poetensteig«* bezeichneter und grün markierter Pfad steigt an dem Hang entlang nach Osten auf. Durch Wald geht es weiter bergauf, rechts liegt der *Moritzgrund*, später zeigen sich – für diese Gegend ungewöhnlich – Lebensbäume. Nach 3 Kilometer dürfen wir den steil ansteigenden, rot markierten Hohlweg nicht verpassen, der links vom Hauptweg abzweigt, bevor dieser bergab zu einem Sumpfloch gelangt. Der Weg kreuzt später einen breiten Kammweg, steigt nach einer kurzen ebenen Strecke weiter und schließlich bis zum Gipfel (3,6 km) sehr steil an. Auf dem manchmal recht verwachsenen Höhenweg geht es nun bergauf und bergab bis zu dem breiten *Pritzhagener Weg.* Hier ein kurzes Stück nach links und dann in den rechten Weg zur Drachenkehle (gelber Punkt) einbiegend, gelangen wir am Waldessaum entlang zum 129 Meter hohen *Krugberg* (4,4 km).

Die Fernsicht gewährt einen Blick in die hüglige Landschaft um Pritzhagen. Bei der elektrischen Freileitung unterhalb des Gipfels schwenken wir links ein, 200 Meter weiter nochmals links, so erreichen wir bald den Einstieg zur *Drachenkehle.* Auf anfangs schmalem Pfad geht es durch ein ansehnliches Tal mit stattlichem Fichtenwald ständig abwärts bis zum *Sophienfließ.* Rechterhand gelangen wir schnell zur berühmten *Wurzelfichte* (5,8 km).

Zu Tour 16, 17, 18 **Brecht-Weigel-Haus in Buckow** (Foto: Margit Rössler)

Die mächtige etwa 20 Meter hohe und 150 Jahre alte Fichte steht auf einem freigespültem, angeblich 20 Personen Unterschlupf gewährenden Wurzelstock. Wir überqueren den Bach, wandern links bachabwärts, bis ein schmaler Weg rechts bergan zur Landstraße abgeht. Auf ihr halten wir uns links, biegen hinter der alten Steinbrücke rechts die asphaltierte Straße ein und wandern bis zur Bollersdorfer Höhe (7,7 km), die 60 Meter über dem See liegt und eine einzigartige Aussicht bietet. Unter uns der nierenförmige Schermützelsee, begrenzt im Südosten von der Ferdinandshöhe und den rechts im Hintergrund sichtbaren Waldsieversdorfer Höhen, dann Buckow mit dem Luisenberg, links davon der Judendicktenberg und schließlich im Norden die Pritzhagener Heide.

Zum Abstieg gehen wir die asphaltierte Straße bis zum Parkplatz zurück und steigen zunächst auf Treppen, bald aber direkt am Hang ziemlich steil nach unten, wenden uns dort links, schreiten an dem ebenfalls im Heimatstil errichteten *Haus Tirol* vorbei und gelangen wenig später zum Ausgangspunkt zurück.

17 Buckow - Schermützelsee - Buckow

Verkehrsmöglichkeiten Siehe Route 16.
Parkmöglichkeiten Am Bahnhof.
Wegmarkierung Ab Brecht-Weigel-Haus grüne Markierung.
Tourenlänge Etwa 9,5 km. **Wanderzeit** $2^1/_2$ Stunden.
Höhenunterschiede Etwa 120 Meter An- und Abstieg.
Wanderkarte TK 1 : 50 000 Fürstenwalde, Blatt N 33–125; 1 : 200 000 Generalkarte Blatt 33.
Wissenswertes Siehe Route 16.
Anmerkungen Prinzipiell kann die Wanderung auch am Parkplatz dem Freibad gegenüber begonnen werden. Von dort aus gelangen wir über die Ringstraße ebenfalls zum Brecht-Weigel-Haus, wenn wir uns nach Süden wenden und die erste, rechts abzweigende Straße einschwenken.
Tourenbeschreibung Wir gehen vom Bahnhof einige Schritte bis zur *Hauptstraße*, wenden uns nach rechts, folgen dann links der Berliner Straße bis zum ehemaligen *Mühlenwerk*. Entlang der Buckower Seepromenade erreichen wir auf Waldwegen den am Buckower See liegenden *Kurpark* (1 km). Die Anlagen mit einem schilfgedeckten Regenpilz laden zum Verweilen ein. Wenig später beginnt der grün markierte Wanderweg. Vorher lohnt sich ein

Besuch des *Brecht-Weigel-Hauses*, das 100 Meter rechter Hand liegt.

Das Haus wurde 1911 von einem Berliner Bildhauer im Heimatstil erbaut. Bertolt Brecht bewohnte die Ateliersvilla ab 1953. Hier entstanden u. a. »Buckower Elegien«, »Coriolan« und »Turandot«. - Wir wandern dann weiter auf dem markierten Weg durch Mischwald, vorbei an dem mit Seerosen bewachsenen *Weißen See*, zunächst nach Süden. Auf Waldwegen, später auf einer asphaltierten Straße gelangen wir zu einer kleinen, reizvollen *Parkanlage* mit einer Aussicht vom Hügel. Der breite Weg folgt am Fuße der Berge dem Ufer. Nach einem kurzen Anstieg, vorbei an der Gaststätte zur *Fischerkehle* (4,2 km), der Buchenkehle, der Gaststätte Buchenfried und der wildromantischen *Grenzkehle* (ein kleiner Abstecher lohnt sich) geht es weiter bergauf und bergab.

Schließlich endet der Weg bei einem kreuzenden Pfad. Hier nach links aufwärts, später rechts haltend kommen wir zu einer breiten Straße, die uns zu der im Gebirgsstil erbauten *»Großen weißen Taube«*, einer ehemals sehr bekannten Gaststätte führt. Der Wanderweg biegt, unmittelbar hinter einer burgähnlichen Villa (6,6 km) rechts ab. Weiter geht es durch Eichenwald, später entlang gepflegter Grundstücke bis zu dem ebenfalls im Heimatstil *erbauten Haus Tirol* (7,5 km). Wir folgen der Hauptstraße, biegen nach dem Strandcafé links in den Schwarzen Weg ein, schreiten durch den Stadtpark, dann über den Markt und erreichen das Ziel unserer Wanderung, den *Buckower Bahnhof*.

18 Buckow - Wolfsschlucht - Silberkehle - Pritzhagener Mühle - Buckow

Verkehrsmöglichkeiten Siehe Route 16.
Parkmöglichkeiten Schermützelsee gegenüber dem Freibad.
Wegmarkierung Ab Brechtschule gelber Balken bis Wolfsschlucht, bis Poetensteig ohne, weiter unregelmäßig grüner Balken, ab Pritzhagener Mühle gelber Balken und ab Güntherquelle gelber Punkt.
Tourenlänge Etwa 9,4 km ab Parkplatz plus 2 km bis zum Bahnhof.
Wanderzeit 2 1/2 Stunden.
Höhenunterschiede Etwa 250 Meter, stellenweise steile An- und Abstiege.
Wanderkarte TK 1 : 50 000 Fürstenwalde, Blatt N 33–125; 1 : 200 000 Generalkarte Blatt 33.
Wissenswertes *Buckow* siehe Route 16 – Fontane schreibt über die Silberkehle »Die Silberkehle hat völlig den Charakter einer Gebirgsschlucht und zeigt auf ihrem Lauf ein tief ausgehöhltes Bett mit all den Zerstörungen niederstürzender Bäche.«
Anmerkungen Die Route sollte wegen des abschüssigen Lehmbodens der Schluchten nicht nach einem Regenguß absolviert werden. Abzuraten ist auch von Schuhen mit glatten Sohlen. Die Wanderung empfiehlt sich wegen des sonst etwas verwachsenen Dachsbergblickes besonders für die unbelaubte Jahreszeit.

Zu Tour 16, 17, 18 **Brecht-Weigel-Haus in Buckow: Original-Wagen der »Mutter Courage« bei der Uraufführung** (Foto: Margit Rössler)

Tourenbeschreibung Wir beginnen unsere Wanderung vom Parkplatz, der dem *Schermützelsee* gegenüber liegt (siehe Route 16). Am malerischen Schermützelsee folgen wir der Wriezner Straße nach Norden und biegen hinter dem ehemaligen Theodor-Fontane-Heim rechts ab. Die leicht ansteigende Straße bringt uns vorbei an einem Parkplatz und der *Brechtschule* zu dem gelb markierten Wanderweg, der zum kleinen Tornowsee führt. Er verläuft geradeaus bergan, fällt wieder und erreicht etwas später eine Wegegabelung. Jetzt halten wir uns rechts, wandern vorüber an einem Sumpfloch (1,3 km), richten uns nach dem Wegweiser zur »Wolfsschlucht« und kommen auf ebenen Weg zu dem *Kleinen Tornowsee* (2 km). Kurz vorher zweigt links der Weg zur Wolfsschlucht ab.

Nach diesem Abstecher wieder etwa 150 Meter zurück, geht es auf dem rechten unmarkierten Pfad zur *Wolfsschlucht.* Etwas beschwerlich klettern wir durch eine ihren Namen alle Ehre machenden einzigartigen Kehle, umgestürzten Bäumen ausweichend, immer steil nach oben. Am Ende, nach etwa 400 Metern, mündet sie in einen Wanderweg. Wenige Schritte rechts zweigt links unser bergaufwärts führender, Pfad zum *Dachsberg* ab. Oben beginnt rechts ein schmaler, leicht zu übersehender Pfad, der uns direkt zum Gipfel zum sagenumwobenen *Teufelsstein* bringt.

Zum Abstieg wird der unmittelbar links neben den Steinen verlaufende schmale Pfad benutzt. Wir halten uns immer etwas rechts und kommen bald auf einen breiteren Wanderpfad. Auf ihn wandern wir oberhalb der Wolfsschlucht weiter und gelangen bald zu der mit einem Unterstellpilz gezierten *Dachsbergaussicht.* Hier erwartet uns insbesondere zur unbelaubten Zeit der fast einmalige Blick über den kleinen Tornowsee und die prachtvolle Natur. Etwa 100 Meter weiter mündet der Pfad in einen bequemen Wanderweg, der vom Teufelsstein kommt. Auf diesen grün markierten *Poetensteig* stoßen wir auf eine mächtige, unheimlich wirkende, abgestorbene Buche (3,4 km). An dieser Stelle beginnt der schmale *Silberkehlen-Pfad,* der zunächst durch üppige Vegetation verläuft.

Anfangs noch rechts von der Kehle haltend, sind wir bald in der in ihrer Urwüchsigkeit der Wolfsschlucht nicht nachstehenden *Silberkehle.* Der am abschüssigen Hang verlaufende Pfad wechselt die Seite und bringt uns steil nach unten. Schließlich stößt er nach einer vom Raseneisenerz rot gefärbten Quelle, bei einem umzäunten Grundstück auf einen Querweg. Wir wandern nun links am Zaun entlang leicht bergauf, vorüber an Wiesen und Felder bis zur asphaltierten Straße. Dort nach rechts, bald wieder nach links, vorbei an der Badestelle des *Großen Tornowsees* kommen wir schließlich zu den Wirtschaftsgebäuden der Pritzhagener Mühle. Der Wanderweg führt jetzt nach rechts über das Mühlenwehr, dann an einer knorrigen, etwa 500jährigen Eiche vorbei, direkt zur anmutig im Tal liegenden Ausflugsgaststätte, der *Pritzhagener Mühle.*

Von dort schreiten wir zurück über das Mühlenwehr und biegen in den ersten links abgehenden Weg ein (Markierung: gelber Balken). Er führt uns zunächst am *Mühlenteich* entlang,

Zu Tour 18 **Buckow** (Foto: Manfred Feller)

der mit Seerosen bedeckt ist, und dann weiter zur breiten Waldstraße (5,5 km), die in Nähe des *Großen Tornowsees* verläuft. Hier bietet sich ein kurzer Abstecher zum Ufer an. Auf der Straße zweigt nach etwa 200 Meter links unser in das NSG *Stobbertal* führende Weg ab. Der Wanderweg folgt dem manchmal träge, dann aber wieder munter dahinfließenden *Stobber.* Hinter einer kleinen Brücke (7 km) betreten wir ein wildromantisches Gebiet. Nach eingezäunten Grundstücken wählen wir bei der nächsten Wegegabelung den linken Weg; geradeaus kommen wir zur Waldstraße. Der Weg hält sich dann wieder rechts vom Stobber. Nach der *Güntherquelle* folgen wir dem *Hopfenweg* (gelben Punkt) geradeaus bis zu einer breiten Straße. Dort nach rechts kommen wir wieder durch eine offene Landschaft zur *Brechtschule.* Auf dem Hinweg geht es nun zu dem Ausgangspunkt der Wanderung.

19 Waldsieversdorf - Schwedenschanze - Waldsieversdorf

Verkehrsmöglichkeiten Nahverkehrszug Berlin–Müncheberg ab Lichtenberg oder Strausberg, weitere auf der Strecke Müncheberg–Buckow. - Außerdem verkehren Busse von Strausberg.
Parkmöglichkeiten Am Bahnhof.
Wegmarkierung Bahnhofsstraße roter Balken, bis zur Schwedenschanze gelber Balken, von dort grüner Balken.
Tourenlänge Etwa 4,8 km, mit Abstecher 6,6 km.
Wanderzeit $1^1/_4$ bzw. $1^3/_4$ Stunden.
Höhenunterschiede Etwa 50 Meter An- und Abstieg.
Wanderkarte TK 1 : 50 000 Fürstenwalde, Blatt N 33–125; 1 : 200 000 Generalkarte Blatt 33.
Wissenswertes Waldsieversdorf ist eine Neugründung von Ferdinand Kindermann aus dem Anfang des 20. Jh. Er errichtete auch 1906/08 im klassizistischen Stil für seinen Sohn das sehenswerte, stattliche »Märkische Sanatorium«. - Hans Fallada weilte im April 1933 als Patient im Märkischen Sanatorium, um seine durch die SA-Inhaftierung ausgelösten Nervenkrise zu kurieren.
Anmerkungen Mühelos läßt sich diese Wanderung an die Route 20 anfügen.
Tourenbeschreibung Vom Bahnhof, den Ausgangspunkt der Wanderung, schlagen wir die an gepflegten Grundstücken vorbeiführende *Bahnhofsstraße* ein und folgen zunächst der roten Markierung. Nach etwa 300 Meter beginnt dann linker Hand der Schwedenschanzer Wanderweg (gelb bezeichnet). Auf Stufen

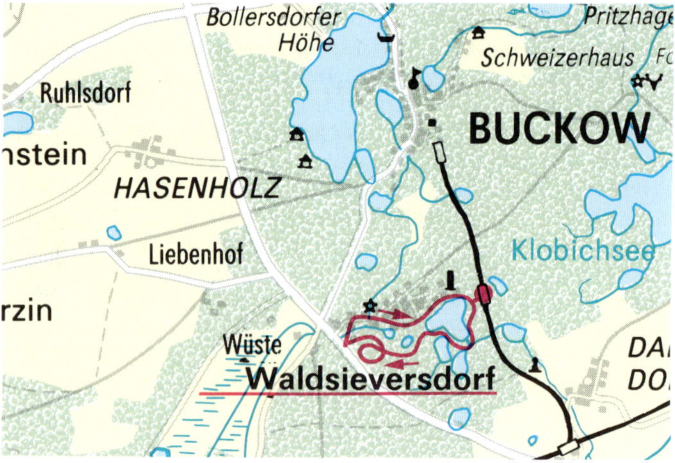

absteigend, stoßen wir auf den von einer Hügelkette umgebenen *Großen Döbersee.* Der Uferweg bringt uns wenig später zur verträumt liegenden *Holzbrücke* (1 km). Hier sollten wir ein Stück am amazonasähnlichen, mit dichter Vegetation bewachsenen Verbindungskanal entlang wandern.

Zurück zur Brücke geht es auf dem Uferweg am Großen Döbersee weiter. Etwa 200 Meter danach zweigt links unser Weg zur Schwedenschanze ab. Wir wandern nun oberhalb vom *Kleinen Döbersee* auf dem Waldweg, der mitunter recht hübsche Blicke bietet, bergauf und bergab. Bald macht uns ein altes Schild auf den noch einigermaßen gut sichtbaren Wall der sogenannten *Schwedenschanze* (1,7 km) aufmerksam.

Bei der Anlage handelt es sich um eine slawische Höhenburg, wahrscheinlich aus dem 7.–9. Jh. Die noch gut zu erkennenden 2,5 Meter hohen Wälle sicherten einst die Unter- und Oberburg, die auf der Westseite einen natürlichen Schutz entbehrten. – Der nach der Schwedenschanze abfallende, nun grün bezeichnete Weg passiert einen Querweg, verläuft an einem mit Schilf besetzten Teich, später auch an Sumpfgelände entlang und kreuzt an einem kleinen Platz nochmals einen Querweg. Nach dem nächsten, im Wald liegenden kleinen Teich macht der Weg eine Linksbiegung und zweigt etwa 200 Meter weiter bei einer Wegegabelung (2,3 km) rechts ab. An dieser Stelle läßt sich eine lohnenswerte Rundwanderung durch eine etwas offenere Natur einfügen.

Zur Rundwanderung schreiten wir geradeaus weiter, beachten den abgehenden Weg nicht, bis uns der etwas verwachsene Pfad zu einem Querweg bringt. Wir halten uns rechts, bei dem nächsten Querweg ebenfalls. Vorbei an linker Hand stehenden Fichten erreichen wir den zunächst parallel zur Landstraße verlaufenden Weg und später diesen selbst. Hier biegen wir rechts in den angenehmen Waldweg ein und sind nach nicht ganz 2 Kilometern am Ende der Rundwanderung.

Von hier wandern wir auf dem markierten Weg nach Nordwesten bis fast zur Landstraße, schwenken jedoch kurz vorher rechts in den Waldpfad ein. Bei der nächsten Gabelung des breiten Weges, der im Ort auch gepflastert ist, biegen wir in die Dahmsdorfer Straße (3,8 km) ein und gelangen so geradeaus oder wie in Route 20 beschrieben zum Bahnhof.

Zur eventuellen Einbindung der Route 20 müßten wir uns in Höhe des Märkischen Hofes nach links wenden.

20 Waldsieversdorf - Vogelsang - Waldsieversdorf

Verkehrsmöglichkeiten Siehe Route 16.
Parkmöglichkeiten Am Bahnhof.
Wegmarkierung Zunächst rote Markierung, ab Vogelsang gelber Punkt, im Ort wieder ohne.
Tourenlänge Etwa 5,2 km.
Wanderzeit 1¼ Stunde.
Höhenunterschiede Etwa 50 Meter An- und Abstieg.
Wanderkarte TK 1 : 50 000 Fürstenwalde, Blatt N 33–125; 1 : 200 000 Generalkarte Blatt 33.
Wissenswertes Siehe Route 19.
Anmerkungen Die Wanderung läßt sich mühelos mit der Route 19 verbinden.
Tourenbeschreibung Vom Bahnhof folgen wir der *Bahnhofsstraße*, wandern auf der Hauptstraße bis in Höhe des Märkischen Hofs, dort nach rechts zum *Gemeindeamt* (1 km) und biegen dann in die mit einem gelben Punkt markierte Straße *»Am Vogelsang«* ein. Geradeaus weiter in das Tal bis zum *Stobber*, einer wildromantischen, eiszeitlichen Abflußrinne, dort nach links am Uferweg des dahinfließenden Baches kommen wir wenig später zu einer Brücke (1,6 km). Wir schreiten über die Brücke, ersteigen auf Stufen den Hang und schwenken rechts in den oberhalb des Stobbers verlaufenden Kammweg in Richtung Buckow ein. Der hübsche Waldweg führt uns vorbei an dem *Naturschutzgebiet Gartzsee*, durch jungen Kiefern- und Fichten-

bestand, anschließend durch prachtvollen Hochwald zur gepflasterten Waldstraße (2,8 km).

Hier biegen wir rechts ein und wandern über den Stobber bis zur ehemaligen *Seifertschen Mühle* (3,2 km). Der Weg bringt uns nach Überquerung der »Alten Berliner Straße« schnell nach Waldsieversdorf (3,8 km). Unser Wanderweg kreuzt die Dahmsdorfer Straße und erreicht, über die Himmelsleiter aufsteigend, einen Höhenweg mit schönen Blicken. An dieser Stelle lohnt sich ein kleiner Abstecher zum rechtsliegenden, ehemaligen, von Kindermann gegründeten Märkischen Sanatorium. Sonst wählen wir den linken Weg, halten uns am Straßenende rechts und wandern auf schmalem Pfad durch dichtes Unterholz und später auf bequemem Weg immer am Nordufer des *Großen Döbersees* bis zum Bad. Kurz danach geht es bergaufwärts und dann rechts auf der Bahnhofsstraße direkt zum Wanderziel.

Berliner Urstromtal, Frankfurter Odertal

Das Wandergebiet liegt südlich der Barnim und nördlich der Beeskower Platte, östlich von Berlin und westlich von Frankfurt im oder in der Nähe des Berliner Urstromtales bzw. in Nähe der Spree, soweit sie dem Berliner Urstromtal folgt. Der Ostteil wird zwischen dem Lebuser Bruch und der Steilen Wand von Lossow vom Frankfurter Oderpaß und dem Westteil von den aus der älteren Phase des Brandenburger Stadiums stammenden, gestauchten Endmoränen der Müggelberge (115 m) und der Kranichberge (106 m) abgeschlossen. Am Nordteil liegt der (neben Braunkohle und Ton) mit zu den wichtigsten Rohstoffvorkommen der Mark zählende Rüdersdorfer Muschelkalk.

Die Entstehung des Berliner Urstromtales als Auffangbecken der Schmelzwasser fällt in die Zeit der Eisrandlagen der Frankfurter Staffel der letzten Kaltzeit. Zu diesem Zeitpunkt hatte das Baruther Urstromtal teilweise seine Bedeutung verloren und das Eberswalder Urstromtal lag noch unter Eis. Über das Tal flossen nun neben dem nördlich gebildeten Schmelzwasser auch die vom Mittelgebirgsraum kommenden ab. Darüber hinaus nutzte auch die periglaziale Oder das Tal, bis sie während der Angermünder Staffel über das Oderbruch in das Eberswalder Urstromtal umgelenkt wurde. – Von einer frühen Besiedlung zeugen die nördlich (Lebus) und südlich (Lossow) von Frankfurt liegenden bemerkenswert stark befestigten Anlagen, die aus der späten Bronze- bis frühen Eisenzeit stammen.

Zu Tour 22 **Naturschutzgebiet Krumme Laake bei Müggelheim**
(Foto: Manfred Feller)

21 Eichwalde - Plumbengraben - Krumme Laake - Eichwalde

Verkehrsmöglichkeiten S-Bahn Charlottenburg–Königs Wusterhausen bis Eichwalde.
Parkmöglichkeiten Am östlichen und westlichen Eichwalder Bahnhofsausgang.
Wegmarkierung Überwiegend unmarkiert, nur im Abschnitt der Krummen Laake rotes Andreaskreuz.
Tourenlänge Etwa 9,3 km, bei Abbruch in Karolinenhof 5 km.
Wanderzeit 2¹/₄ Stunde bzw. 1¹/₄ Stunden.
Höhenunterschiede Keine.
Wanderkarte 1 : 25 000 Umgebungskarte Nr. 4, Berlin Südost, Kartographischer Dienst Potsdam. 1 : 200 000 Generalkarte Blatt 33.
Wissenswertes Die Wanderung verläuft zum größten Teil im Landschaftsschutzgebiet des *Grünauer Forstes* mit dem reizvollen Abschnitt an der Krummen Laake (nicht verwechseln mit dem Naturschutzgebiet *Krumme Laake* östlich von dem Müggelheim).
Anmerkungen Die Wanderung kann in Karolinenhof abgebrochen werden. Die Rückfahrt erfolgt dann von Karolinenhof bei der Straßenbahnhaltestelle Schappachstraße.
Tourenbeschreibung Von dem Westausgang des *S-Bahnhofes Eichwalde* wenden wir uns nach rechts, wandern die Heinrich-Heine-Allee bis zum Bahnübergang, biegen dort links in die Waldstraße ein und schwenken dann nach 25 Meter in den rechts

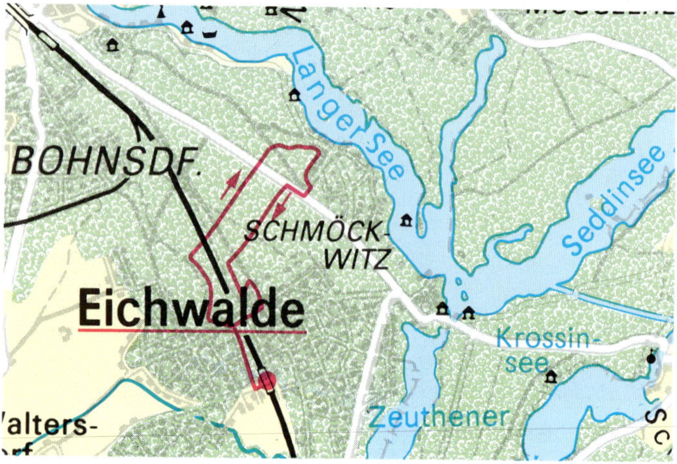

abzweigenden *Hirtensteig* ein. Der Weg führt uns zunächst durch einen kleinen, parkähnlichen mit Eichen und Buchen versehenen Mischwald. Etwa 70 Meter nach Überschreiten des stark versumpften und verlandeten Plumpengrabens (1 km) benutzen wir den linken Weg. Vorbei an alten Kiefern und herrlichen Lärchenbeständen wendet sich unser Wanderweg kurz hinter einem links einmündenden Weg fast rechtwinklig nach Nordosten.

Wenige Minuten später passieren wir die S-Bahn, kurz danach auch das stark frequentierte *Adlergestell* und kommen, vorbei an einem rechter Hand liegenden Fichtenwald, zu einer Schutzhütte (4 km). An dieser Stelle geht es auf dem mit einem roten Andreaskreuz markierten Querweg nach rechts. Der Wanderweg verläuft nun geradlinig weiter, kreuzt in Nähe einer weiteren Schutzhütte einen Querweg und setzt sich nach etwa 150 Metern bei einer Bank links als schmaler, markierter Pfad fort.

Er schlängelt sich durch das romantische, an den Spreewald erinnernden Gebiet der *Krummen Laake*. Ein Erlenbruchwald mit eingestreuten Birken kennzeichnet das Gebiet. Bald die kleine Brücke überquerend, folgen wir dem mit Bänken versehenen linken Ufer, bis der Weg schließlich in einen breiten, ebenfalls mit einem roten Andreaskreuz markierten Wanderweg mündet. Dort nach links, geht es in die südöstliche Richtung weiter bis kurz vor *Karolinenhof* (5 km). Ohne jedoch bis dorthin zu wandern, biegen wir ca. 50 Meter vor den Straßenbahnschienen in den rechts abgehenden, unmarkierten südlichen Weg ein. - Wanderer, die ihre Wanderung hier beenden, wandern weiter geradeaus bis zur Sportpromenade und halten sich dort rechts.

Der in mäßigem Abstand von den Häusern verlaufende Waldweg endet wenig später auf der von Karolinenhof kommenden Schappachstraße. In diese biegen wir rechts ein, überqueren in Nähe des *Forsthauses Schmöckwitz* das Adlergestell (6 km), halten uns rechts und schwenken etwa nach 50 Meter links ein. Der Wanderweg verläuft im Kiefernhochwald durch ein leicht hügliges Gelände und endet zuletzt auf einen breiten Querweg (7,2 km). Hier schreiten wir etwa 40 Meter nach rechts und wenden uns bei einem Fichtenbestand nach links. Der sanft abfallende Weg passiert etwas später den *»Alten Radelander Weg«* und geht weiter in Richtung der Bahngleise. Wir aber schwenken etwa 15 Meter davor in den nach links führenden Weg ein. Dieser verläuft zunächst noch parallel der S-Bahn, macht aber bald nach dem Bahnwärterhaus eine Linkswendung. Auf dem jetzt schmalen Pfad wandern wir noch 30 Meter geradeaus, biegen in den links abgehenden, durch Dickicht führenden Pfad ein und sind nach kurzer Zeit bei den ersten Häusern von Eichwalde.

Entlang gefälliger Grundstücke gelangen wir auf dem *Eichengrund* zur Waldstraße, dann zum rechts liegenden Bahnübergang und in wenigen Minuten zum Ziel der Wanderung, dem S-Bahnhof Eichwalde.

22 Müggelheim - Krumme Laake - Müggelheim

Verkehrsmöglichkeiten Bus-S-Bahnhof-Kaulsdorf-Müggelheim bis Müggelheim Dorf.
Parkmöglichkeiten In Nähe der Kirche (Geinsheimer Weg) oder 100 Meter hinter der Kirche.
Wegmarkierung Fast durchgehend rotes Dreieck.
Tourenlänge Etwa 7,2 km.
Wanderzeit 1 3/4 Stunden.
Höhenunterschiede Keine.
Wanderkarte 1 : 25 000 Umgebungskarte Nr. 4, Berlin Südost, Kartographischer Dienst Potsdam. 1 : 200 000 Generalkarte Blatt 33.
Wissenwertes Der *Krumme Laake* ist mit eines der ältesten Berliner Naturschutzgebiete und bereits seit 1927 unter Naturschutz gestellt. - Das erst um 1747 von 20 pfälzischen Weinbauerfamilien gegründete *Müggelheim* hat im wesentlichen seinen ursprünglichen Charakter erhalten. Der rhombische Anger mit der 1803/04 erbauten Dorfkirche und der Dorfschule (Klub) von 1890 ähnelt in seiner Anlage einem mittelalterlichen Angerdorf.
Anmerkungen Empfehlenswert ist eine Wanderung am späten Nachmittag, bei der die angenehme Stille einen beruhigenden Eindruck hinterläßt.
Tourenbeschreibung Von der Bushaltestelle bzw. dem Parkplatz in Nähe der *Müggelheimer Kirche* wenden wir uns nach Südosten, überqueren die Straße Alt Müggelheim, biegen in den links abzweigenden *Geinsheimer Weg*, dann kurz vor dem Straßenende noch einmal links in die *Meisenheimer Straße* und wenig später rechts in die *Abtweiler Straße* (1 km) ein. Gleich danach beginnt der bereits zum Gebiet der Krummen Laake gehörende hübsche Hochwald. Bei dem letzten Grundstück der Abtweiler Straße gehen wir 20 Meter nach links, vorbei an der Naturschutzgebietsgrenze geradeaus in die östliche Richtung. Etwa 200 Meter weiter wird dann der mit einem roten Dreieck markierte Wanderweg erreicht. Wir halten uns rechts, überqueren ein kleines *Sumpfge-*

biet und erreichen nach etwa 100 Meter links den mit einem roten Dreieck markierten Dammweg.

Der Wanderweg verläuft an der Ostseite eines Sumpfgeländes und vereinigt sich in Nähe einer *Holzbrücke* mit einem durch einen gelben Punkt bezeichneten Wanderweg. Beiden Markierungen folgen wir durch Eichenwald und halten uns rechts von dem Krummen Laake. Etwas später trennen sich die Wanderwege (3 km). Unser mit einem roten Dreieck versehene Weg folgt jetzt dem *Knüppeldamm*. Bald führt der Wanderweg zu einem attraktiv am See gelegenen *Rastplatz* mit Schutzhütte und einer herrlichen Aussicht über den See.

Wir bleiben am rechten Ufer und treffen am nördlichen Ende auf eine *Wegegabelung*. Hier wird der nach Müggelheim führende linke Weg gewählt. Wenig später kommen wir zum *Westufer*, das in seiner Schönheit dem Ostufer nicht nachsteht. Der mit dem roten Dreieck markierte bequeme Wanderweg passiert noch zweimal den Krumme Laake und stößt schließlich auf den uns bereits bekannten Dammweg (5,5 km). Hier halten wir uns rechts und stoßen bald auf eine breite *Waldstraße*, in die rechts eingebogen wird. Entlang einer Birkenallee in südwestlicher Richtung, wird schließlich der relativ stark frequentierte *Gosener Damm* (6,5 km) erreicht. Wir wenden uns hier nach rechts und kommen nach etwa 600 Metern zum Ausgangspunkt unserer Wanderung.

23 Woltersdorf - Löcknitzidyll - Heidereutersee - Woltersdorf

Verkehrsmöglichkeiten S-Bahn Wannsee–Erkner bis Rahnsdorf und von dort mit der Straßenbahn.
Parkmöglichkeiten In Nähe Straßenbahn Endhaltestelle.
Wegmarkierung Weitgehend grüner Balken.
Tourenlänge Etwa 9 km.
Wanderzeit 2 Stunden.
Höhenunterschiede Keine.
Wanderkarte TK 1 : 50 000 Berlin O, Blatt N 33–124; 1 : 200 000 Generalkarte Blatt 33.
Wissenswertes siehe Route 26.
Anmerkungen Die Wanderung eignet sich auch für eine Winterwanderung.
Tourenbeschreibung Unsere Wanderung beginnt an der *Klappbrücke* der Wolterdorfer Schleuse. Wir wenden uns nach Süden und folgen dem am Ostufer des *Flakensees* entlangführenden *Promenadenweg*, der immer wieder Seeblicke bietet. Am Strandbad und Zeltplatz vorbei, dem grün markierten schattigen Uferweg folgend, kommen wir zu der *Löcknitz* bzw. dem *Löcknitzkanal* (2 km), die den Flakensee mit dem Werlsee verbinden. Der sich stellenweise vom Wasser entfernende, angenehme Wanderweg verläuft dann weiter durch noch relativ jungen Mischwald.

Zu Tour 23 **An der Löcknitz bei Woltersdorf** (Foto: Manfred Feller)

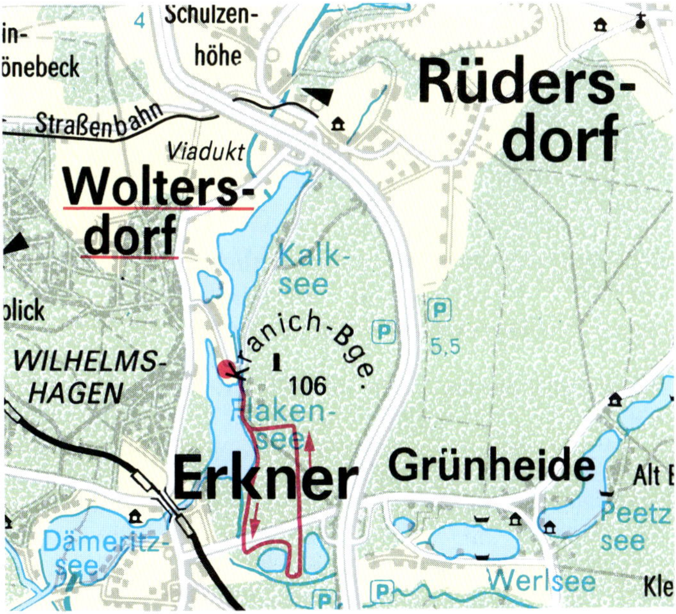

Etwas weiter gelangen wir zur dicht befahrenen Fangschleusenstraße (3 km).

Bekannte Gaststätten wie *Löcknitzidyll* und *Löcknitzterrassen* laden hier zum Verweilen ein. Wir passieren die Straße und schwenken unmittelbar am Parkplatz in den *Leistikowwanderweg* ein - Leistikow (1865–1908) bedeutender märkischer Maler -, sind wir schnell in einem Kiefernhochwald mit eingestandenen Eichen. Hübsche Wiesen mit etwas begrenzten Aussichten sorgen für interessante Unterbrechungen. Nun ist es auch nicht mehr weit bis zum rechts liegenden *Wupatzsee* (4 km). Der an der Gabelung links abzweigende Weg wird übersehen, er führt zum Heidereutersee. Unser Wanderweg stößt nach einer Brücke auf die *Löcknitz*. Ohne sie zu überqueren, weiter links vom Kanal haltend, kommen wir wenig später zu einer weiteren mit Kopfsteinpflaster versehenen Brücke (4,9 km).

Wir biegen in den unmarkierten Querweg ein, halten uns rechts und wandern zum *Heidereutersee*. Am nördlichen Ende des Uferweges halten wir uns links, erreichen auf ansteigendem Weg unseren markierten Wanderweg und nach wenigen Metern auch die *Fangschleusenstraße* (5,5 km). Nach ihrer Überquerung geht es entlang einer Schneise durch ansehnlichen Wald immer geradeaus weiter. Bald einen Querweg und etwas später, bei einer Wegspinne erneut einen breiten Sandweg kreuzend, biegen wir in den ein gutes Stück später folgenden Querweg (6,7 km) links ein. Der geradlinig nach Westen verlaufende Weg mündet, kurz nach dem *Campingplatz* auf unserem Hinweg (7,7 km). In ihn schwenken wir rechts ein und gelangen bald zum Ausgangspunkt unserer Wanderung.

24 Woltersdorf - Kranichberge - Aussichtsturm - Beckershöhe - Hortwinkel - Altrüdersdorf

Verkehrsmöglichkeiten Siehe Route 23 - Rückfahrt ab Straßenbahnendstelle Altrüdersdorf (eventuell mit einer Unterbrechung am Rathaus) bis Friedrichshagen. Dann mit der S-Bahn Wannsee–Erkner.
Parkmöglichkeiten Eventuell am Bahnhof Friedrichshagen.
Wegmarkierung Kammweg grüner Punkt, sonst ohne.
Tourenlänge Etwa 7,8 km bis zur Straßenbahnhaltestelle Alt Rüdersdorf.
Wanderzeit 2 1/2 Stunden.
Höhenunterschiede Etwa 120 Meter An- und Abstieg.
Wanderkarte TK 1 : 50 000 Berlin O, Blatt N 33–124; 1 : 200 000 Generalkarte Blatt 33.
Wissenswertes Woltersdorf liegt auf einer aus Dünensand bestehenden Halbinsel, dahinter erhebt sich der Endmoränenzug der Kranichberge. In Ausmaß und Höhe (106 m) erreichen sie fast die Müggelberge (115 m). - Eine Sehenswürdigkeit ist die seit 1550 bestehende und 1860 zur Kammerschleuse ausgebaute Schleuse. - Die 67 Meter lange und 8,60 Meter breite Schleusenkammer überwindet hier den 2,50-Meter-Höhenunterschied zur Berliner Wasserstraße. - Eine Besonderheit ersten Ranges sind die Gesteinssättel der *Rüdersdorfer Kalkberge*, die sich aus der weitgehend aus Sandflächen und Moränen bestehenden Mark Brandenburg erheben. Der Muschelkalk entstand als Ablagerung eines kontinentalen Zechsteinmeeres während der Trias und des oberen Perm vor etwa 200 Millionen Jahren. Infolge tektonischer Verschiebungen, die zum Teil durch eine Aufbeulung von Salzstöcken hervorgerufen wurden, gelangten schließlich die sonst tief unter den eiszeitlichen Ablagerungen liegenden Schichten an die Oberfläche. - Der Abbau in den damals dem Kloster Zinna bei Jüterbog gehörenden Brüchen läßt sich weit zurückverfolgen. So wurden bereits Mitte des 13. Jh. beim

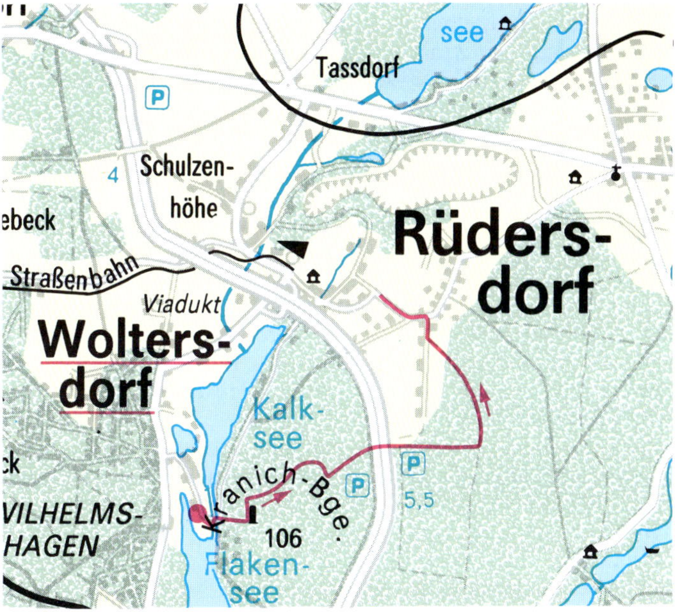

Bau von St. Marien in Strausberg Kalksteine und Kalkmörtel aus Rüdersdorf eingesetzt. – Berühmt wurde die Stadt auch durch die wissenschaftlichen Untersuchungen des schwedischen Geologen Torell über die Eiszeit-Theorie. – In den 20er und 30er Jahren wehte ein Hauch von Hollywood in Rüdersdorf und Woltersdorf. Unter der Leitung des Filmproduzenten Joe May entstanden 1921 nach dem Drehbuch von Thea von Harbou und Fritz Lang die unvergessenen Filme »Das Indische Grabmal« und »Herrin der Welt«.

Anmerkungen Problemlos läßt sich die Rückfahrt mit der Rüdersdorfer Straßenbahn an der Rüdersdorfer Kirche zur Besichtigung der alten technischen Anlagen der Kalksteinverarbeitung unterbrechen. – Bei Anfahrt mit eigenem Fahrzeug empfiehlt es sich, an dem eine Station vom Rahnsdorf entfernt liegenden S-Bahnhof Friedrichshagen zu parken.

Tourenbeschreibung Von der Woltersdorfer *Endstelle der Straßenbahn* wandern wir zunächst in Richtung der Klappbrücke, erfreuen uns am idyllischen Bild des rechts liegenden Flakensees und des links liegenden Kalksees, der von den mächtigen Kranichbergen begrenzt wird. Dann geht es am Ufer weiter bis zur *Liebesquelle.*

Von der unmittelbar an der Straße liegenden, eingefaßten Quelle steigen wir zunächst auf Treppen, später auf einem gut beschilderten Wanderweg links immer bergan. Wir folgen dem anschließenden Kammweg und gelangen wenig später zum hölzernen *Aussichtsturm* (1,2 km), der 1961 für den am 20. 4. 1945 abgebrannten Vorgänger mit einer Höhe von 25 Metern errichtet wurde. Der erst jetzt wieder zugängliche Turm war viele Jahre für die Öffentlichkeit gesperrt.

Der Abstieg erfolgt nach Nordosten auf dem mit Betonsegmenten ausgelegten Weg. Nach 50 Metern schwenken wir in den ersten links abgehenden *Höhenwanderweg* (grünen Punkt) ein, der durch einen Wald voller mit Efeu bewachsenen Bäumen verläuft. Es sind dann noch 250 Meter bis zum ersten rechts abgehenden und zur östlich gelegenen Beckershöhe führenden Weg (Wegweiser) zurückzulegen. Auf diesem Weg wird wenig später die *Beckershöhe* (2 km) mit ihrer Aussicht erreicht. Ein Gedenkstein erinnert an die Ermordung des Försters Becker (1867–1893). Wir wandern auf dem sich nach Osten fortsetzenden Pfad, zunächst sanft und später immer steiler, bis zum Grund. Hier links in den Talweg einbiegend, entlang eines rechts stehenden Fichtenwaldes, bringt uns der reizvolle Wanderweg kurze Zeit später wieder zum Höhenwanderweg. Wir wählen die rechte Seite und kommen auf dem weiterhin mit einem grünen Punkt markierten Weg durch Lärchenwälder mit eingestreuten Fichten bei den *Wurzelbergen* zur *Autobahn* (4,1 km).

Nach ihrer Überquerung bieten sich uns herrliche Fernblicke übe die weite, freie Natur. Der Wanderweg streift ein Eichenwäldchen, unterquert eine Hochspannungsleitung und stößt nach einem allmählichen Abstieg im Tal auf einen breiten Querweg (5,7 km). Hier biegen wir links ein und wandern entlang eines leicht hügligen Geländes bis zur Bergarbeitersiedlung *Hortwinkel* (6,8 km), die Ende des 17. Jh. gegründet wurde. Die Dorfstraße führt uns direkt zur Hauptstraße und dort links einschwenkend auch bald zur *Straßenbahnhaltestelle.*

Wanderer, die an den technischen Einrichtungen der Kalkbrüche interessiert sind, können dann immer entlang der Straßenbahn die 1,7 Kilometer bis zur stattlichen, neugotischen Dorfkirche wandern oder zwei Haltestellen mit der Straßenbahn fahren. Von dort geht es auf der Hauptstraße, vorbei an der Post nach links, dann auf dem zweiten rechts abbiegenden Weg, der Grünen Kehle, bis zu einem Verwaltungsgebäude, dort geradeaus und entlang den elektrischen Leitungen bis zur breiten *Heinitzstraße.* In diese rechts einbiegend, wird kurze Zeit später der Eingang zu den technischen Denkmälern der Kalkverarbeitung erreicht. (Bitte vorher bei der Zement GmbH über Öffnungszeiten erkundigen). Zurück über die Heinitzstraße erreichen wir schnell die Straßenbahnhaltestelle Heinitzstraße.

25 Fangschleuse - Störitzsee - Spreeau - Kirchhofen - Mönchwinkel - Hangelsberg

Verkehrsmöglichkeiten S-Bahn Wannsee-Erkner bis Erkner. Von dort verkehren etwa alle Stunde Nahverkehrszüge nach Fangschleuse - Rückfahrt ab Hangelsberg nach Erkner.
Wegmarkierung Ohne.
Tourenlänge Etwa 16,5 km.
Wanderzeit Etwa 4 Stunden.
Höhenunterschiede Keine.
Wanderkarte TK 1 : 50 000 Berlin O, Blatt N 33-124; 1 : 200 000 Generalkarte Blatt 33.
Wissenswertes Hangelsberg war bereits Anfang des Jahrhunderts eine beliebte Sommerfrische, davon zeugen noch einige ehemals prachtvolle Villen und Parkanlagen.
Tourenbeschreibung Als Ausgangspunkt der Wanderung wählen wir den *Bahnhof Fangschleuse.* Wir wenden uns dort nach Süden und wandern auf der nach Spreenhagen führenden Landstraße etwa 20 Meter weiter und biegen dann hinter dem letzten Grundstück links in den schmalen Pfad ein. Wenig später wird ein breiter Querweg erreicht. Diesen biegen wir links ein und wandern, ohne auf abgehende Wege zu achten, durch Kiefernwald immer geradeaus in die südöstliche Richtung bis zur Fürstenwalder Chaussee (1,7 km). Auf der anderen Seite weist uns ein auffälliger Wegweiser nach Spreewerder. Entlang eines Kahlschlages, später durch Wald, erreichen wir bald das Westufer des *Störitzsees.*

Ein malerischer Blick auf den mitten vom Wald umgebenen See verleitet zur Rast. Nur während der Saison wird die Ruhe durch das emsige Treiben des auf dem am anderen Ufer liegenden Campingplatzes gestört. Nun folgen wir dem westlichen Uferweg, der durch Kiefernwald mit einzelnen Fichten führt, und schlagen bei der nächsten Wegegabelung (3,1 km) den rechten, sich vom Ufer entfernenden Weg ein. Er erreicht wenig später das ehemals sehr bekannte *Königs-Gestell,* folgt dann der asphaltierten Straße etwa 20 Meter nach rechts bis zu einer

leichten Biegung. Von den an dieser Stelle auf der linken Seite abgehenden drei Wegen wählen wir den mittleren und wandern auf dem sich durch den Wald schlängelnden Weg, kreuzen eine mit Lärchen besetzte breite Schneise, schlagen bei der unmittelbar danach folgenden Wegegabelung den rechten Weg ein und sind dann schnell auf der nach Spreeau führenden Landstraße (4,9 km). Hinter dem hübschen Ort *Spreeau* wird auf einer Brücke die Spree passiert (hier auch als Müggelspree bezeichnet). Die vor uns liegende Spreeniederung bietet ein reizvolles Bild. Sie wird von vielen Vögeln zur Brut genutzt und von Graureihern oft aufgesucht.

Fast nahtlos führt uns die Straße nach *Neu Hartmannsdorf* und etwas später nach seiner Durchquerung zu den ersten *Spreenhagener* Grundstücken. Die Siedlung wird bald von einem größeren Waldstück unterbrochen. Hier biegt auf der rechten Seite der gekennzeichnete *Wallweg* ab. Wir wandern noch ein Stück auf der Straße bis zum letzten, linken Grundstück und benutzen bei einem unbeschrifteten Kilometerstein links den schmalen Waldpfad. Er windet sich durch den Wald und mündet binnen kurzem in einen breiten Waldweg. Hier führt der fast immer ebene Wanderweg nach links, kreuzt eine betonierte Waldstraße

(7,8 km), verläuft an rechts liegenden *Industriegebäuden* vorbei und endet in einem von Ost nach West führenden Querweg. Wir folgen ihm nach rechts in die östliche Richtung bis zur Landstraße, wenden uns dort nach links und sind schnell in *Kirchhofen* (9,2 km).

Im Dorf können wir in der legendären Gaststätte *»Zum Rasselbock«* einen präparierten gehörten Hasen, den sogenannten Rasselbock, als ein praktisches Beispiel von Jägerlatein bestaunen. Noch im 18. Jahrhundert stritten gebildete Akademiker über die Existenz des Rasselbocks. Trotz der Warnung des seinerzeit bekannten Jagdschriftstellers Döbel fielen immer wieder Gelehrte auf den Unsinn herein.

Der Wanderweg führt links an der Gaststätte vorbei in nordöstlicher Richtung. Durch den Wald gelangen wir zum links liegenden *Kichn-Horst* (10,7 km), einem im Durchmesser und Form weitgehend dem Störitzsee entsprechenden Gebiet, das sich aus der Spreeaue inselartig erhebt. Nachdem wir etwa 600 Meter an diesem interessanten Gebiet entlang gewandert sind, wendet sich der Weg nach Norden und führt uns in einen bemerkenswerten *Eichenwald* und zu einer betonierten, schmalen Waldstraße. Der Weg führt nach links einbiegend und erreicht in Kürze die *Müggelspree.*

Unvermutet öffnet sich die Waldlandschaft und gibt einen unvergeßlichen Blick auf die reizvolle Spreeaue frei. *Mönchwinkel* ist dann schnell erreicht, wenn wir die Spree auf einer Holzbrücke passieren. Im Ort benutzen wir den ersten rechts abgehenden Weg, die Feldstraße, folgen ihr bis zur nach Norden führenden Landstraße und dann weiter bis zur rechts abzweigenden Hangelsberger Landstraße. Sie leitet uns bald nach *Wulkow* und auch nach Hangelsberg. Bald unterbrechen prächtig gewachsene Eichen die Eintönigkeit der Straße. In unmittelbarer Nähe des Wulkower Ortsausgangsschildes (15,5 km) verlassen wir die Straße auf einem rechts abzweigenden Waldweg. Kurz bevor dieser Weg in die Fürstenwalder Landstraße mündet, bringt uns der rechte schmale Wanderpfad nach *Hangelsberg* (15,8 km). Wir folgen der Landstraße, wandern an einer Fachwerkvilla mit aufgesetztem Aussichtspavillon vorbei, schwenken links in den Waldpfad ein und sind wenig später am Ziel unserer Wanderung, dem Bahnhof von Hangelsberg.

26 Grünau - Teufelssee - Müggelberge - Großer Müggelsee - Spreetunnel - Friedrichshagen

Verkehrsmöglichkeiten S-Bahn bis Grünau - Rückfahrt mit der Straßenbahn Friedrichshagen–Altglienicke, bei Abbruch am Teufelssee auch mit dem Bus Alt-Müggelheim–Kaulsdorf.

Wegmarkierung Ab Großer Müggelsee gelber Balken, sonst ohne.

Tourenlänge Etwa 9,7 km bzw. 7 km bei Abbruch am Teufelssee.

Wanderzeit 2 1/2 bzw. 1 3/4 Stunden.

Höhenunterschiede Etwa 280 Meter mitunter steile An- und Abstiege.

Wanderkarte 1 : 25 000 Umgebungskarte Nr. 4, Berlin Südost, Kartographischer Dienst Potsdam. 1 : 200 000 Generalkarte Blatt 33.

Wissenswertes Die Wanderung führt durch ein Gebiet, das seine landschaftliche Gestaltung einer Randlage der Brandenburger Phase der Weichselkaltzeit verdankt. So schob das Inlandeis die bis zu 80 Meter inselartig über den flachen Sandflächen steil aufragende Stauchendmoräne der Müggelberge (115 m NN) zusammen. - Der auf den Müggelbergen, nach Plänen einer Studentengruppe (Streitparth, Wagner, Weißhaupt) 1960/61 in Stahlbetonkonstruktion errichtete achtgeschossige, 30 Meter hohe *Müggelturm*, ist der Nachfolger des vom Kommerzienrat Spindler 1889 im chinesischen Pagodenstil erbauten und 1958 abgebrannten Holzturms. - Um den *Teufelssee* liegt ein beachtenswertes kleines Moorgebiet. - Der mit den Auf- und Abgängen 120 Meter lange, 5 Meter breite und 2,5 Meter hohe *Spreetunnel* wurde 1926 über Wasser aus Beton gegossen und dann bis 4 Meter unter den Wasserspiegel versenkt.

Anmerkungen Ein Abbruch der Wanderung ist nach dem Teufelssee möglich. Die Rückfahrt erfolgt dann vom Müggelheimer Damm bei der Haltestelle Rübezahl mit dem Bus.

Tourenbeschreibung Ausgangspunkt unserer Wanderung ist der *S-Bahnhof Grünau.* Es geht auf der Wassersportallee bis zur Dahme (700 m). Dort setzen wir auf der in 10 bis 30 Minuten Abstand fahrenden Personenfähre in unmittelbarer Nähe der *Grünauer Regattastrecke* zum Wendenschloß über. Es geht dann vorbei an einem Gedenkstein für den evangelischen Pfarrer Syltenin auf der Müggelbergallee geradeaus bis zum Wald (1,4 km). Wir überschreiten ein unscheinbares Fließ und biegen kurz danach in den ersten rechten Waldweg ein. Wenig später

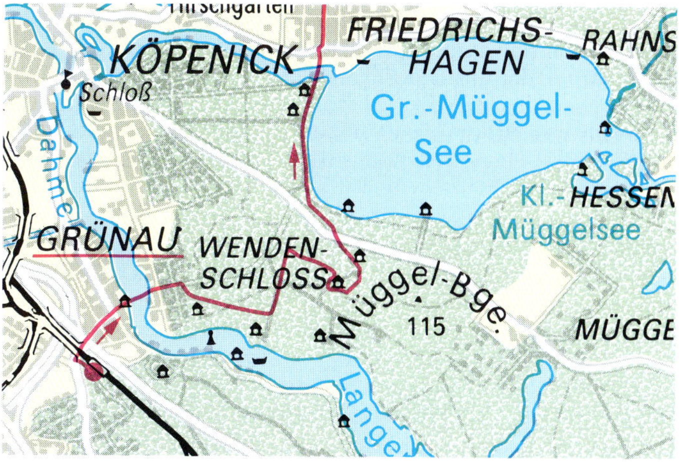

wendet sich der Weg nach links. Wir überqueren den breiten Waldweg geradlinig und setzen unsere Wanderung in südöstlicher Richtung am Jagen 414/415 fort, folgen dem durch einen Mischwald von Fichten und Birken verlaufenden Wanderweg und biegen in den nächsten asphaltierten Weg (2,8 km) links ein. Eine wunderschöne *Birkenallee*, die besonders im Mai ihren Reiz offenbart, begleitet uns bis zur ebenfalls asphaltierten breiten Waldstraße.

Wir überschreiten sie und setzen die Wanderung auf dem nicht mehr asphaltierten Weg fort, der zwischen den Kanonen- und Müggelbergen verläuft. Rechter Hand befindet sich in einer *Sandgrube* der nur noch an den Schutzwällen erkennbare, weitgehend verwachsene Schießplatz. Unmittelbar danach benutzen wir den rechten schmalen Pfad, der anfangs parallel zum Hauptweg verläuft und bergan führt. Auf diesem steigen wir nach oben bis zu einem alten Jagenstein, biegen dort rechts ab und wandern bis zur Höhe. Auf schmalem Pfad geht es dann nach links, entlang der steil abfallenden Sandgrubennordwand; bis sich am Sandgrubenende der Weg nach rechts wendet. Hier biegen wir in den ersten links abgehenden Weg (3,8 km); dann in den unmittelbar folgenden Querweg rechts ein. Der zunächst sanft abfallende und später immer steiler nach unten führende Weg bringt uns schließlich durch einen Buchenwald direkt zum *Teufelssee* (4,3 km).

Fontane schrieb 1860 und 1861: »Dieser See heißt der ›Teufelssee‹. Er hat den unheimlichen Charakter aller jener stillen Wasser, die sich an Berghängen ablagern und ein Stück Moorland als Untergrund haben. Die leuchtend-schwarze Oberfläche ist kaum gekräuselt, und verwaschenes Sternmoos überzieht den Sumpfgürtel, der uns den Zugang zum See verwehren scheint.«

Wir lösen uns von dem Blick; wenden uns nach rechts und beginnen mit dem Aufstieg der durch 148 Stufen unterstützt wird. Noch weitere 126 Stufen sind es bis zur Plattform des Müggelturms.

Der Panoramablick vom *Müggelturm* in die nähere und weitere mit Seen und Wäldern mosaikartig durchsetzte Umgebung gehört wohl mit zu den bekanntesten der Mark. Nördlich sieht man den Müggelsee mit Friedrichshagen, rechts dahinter Woltersdorf mit den Kranichbergen, im Osten winken die hellen Gosenberge und in der Ferne, bei klarem Wetter gut erkennbar, die Rauenschen Berge. Im Süden zeigt sich Königs Wusterhausen mit dem Sendemast und im Westen liegt, meist im Dunst eingehüllt, die Hauptstadt, so daß außer dem Fernsehturm nur noch wenige Bauwerke zu lokalisieren sind. Auch hier wollen wir Fontane zitieren: »Die Müggelberge repräsentieren ein höchst eigentümliches Stück Natur, abweichend von dem, was wir sonst wohl in unserem Sand- und Flachland zu sehen gewohnt sind. Unsere märkischen Berge (wenn man uns diese stolze Bezeichnung gestatten will) sind entweder einfache Kegel oder Plateauabhänge. Nicht so die Müggelberge.«

Zur Fortsetzung unserer Wanderung folgen wir dem Kammweg vorbei an einer Schutzhütte in die östliche Richtung bis zur *Rodelbahn.* Kurz hinter der Stelle, wo die Abzäunung unseren Weg berührt, verlassen wir den breiten Kammweg und steigen links ein Stück weiter empor. Wenig später zeigt sich rechts die Sternwarte. Wir schwenken links in den zunächst noch asphaltierten Waldweg ein und beginnen auf dem immer schmaleren Pfad mit dem steilen Abstieg. Nur einige alte Stufen bieten Erleichterung. Wir passieren auf einer Holzbrücke die Rodelbahn, schlagen darauf den rechts nach unten führenden Weg ein und gelangen vorbei an der Rodelausleihstation bald auf einer Treppe erneut zum *Teufelssee* (6,1 km).

Wir wandern dann rechts auf dem Knüppeldamm am Rande des dunklen Teufelssees durch ein wildromantisches Moorgebiet, später auch durch Wald bis zur Betonstraße. Wer jetzt die Wanderung abbrechen möchte, benutzt den rechts neben der Straße abbiegenden Fußweg und erreicht in wenigen Minuten die Bushaltestelle. Sonst geht es auf der Betonstraße nach Nordwesten bis zum stark frequentierten *Müggelheimer Damm* (7 km). Dieser wird nun vorsichtig überquert. Wir schreiten anschließend etwa 10 Meter auf der Straße nach links und biegen gleich in den rechten Pfad ein.

Unser bisher etwa parallel zur Straße verlaufende Wanderweg mündet bei einer Schutzhütte in einen breiteren Weg, der dann durch einen Mischwald führt. Wir halten uns immer rechts und erreichen eine asphaltierte Straße, die uns in wenigen Schritten zum rechts gelegenen *Großen Müggelsee* bringt.

Der sich breit öffnende See bietet einen hübschen Blick. Unser mit einem gelben Balken markierte Wanderweg folgt immer dem Ufer. An der Stelle, wo sich der asphaltierte Weg (9 km) nach links wendet, verlassen wir ihn und benutzen den rechten, wenig später einem rechts liegenden Bootshaus mit Yachthafen vorbeiführenden Weg.

Bevor wir in den legendären *Spreetunnel* einsteigen, lassen wir uns noch einmal von dem See mit den im Hintergrund steil nach oben strebenden Müggelbergen beeindrucken. Am Tunnelausgang gehen wir geradeaus bis zur *Josef-Nawrocki-Straße* und schreiten auf ihr bis zum Müggelseedamm. Die Straßenbahnhaltestelle liegt dann rechter Hand.

27 Gosen - Gosener Berge - Oder-Spree-Kanal - Seddinsee - Schmöckwitz

Verkehrsmöglichkeiten Bus - S-Bahnhof - Kaulsdorf - Müggelheim-Gosen - Rückfahrt: mit der Straßenbahnlinie Alt-Schmöckwitz-S-Bahnhof Köpenick.
Wegmarkierung Ohne.
Tourenlänge Etwa 8,8 km.
Wanderzeit 2 Stunden.
Höhenunterschiede Etwa 50 Meter An- und Abstieg.
Wanderkarte 1 : 25 000 Umgebungskarte Nr. 4, Berlin Südost, Kartographischer Dienst Potsdam. 1 : 200 000 Generalkarte Blatt 33.
Wissenswertes Gosen ist eine von pfälzischen Ansiedlern gegründete, typische friderizianische Kolonistensiedlung. Aus der Gründungszeit stehen noch einige der ehemals strohgedeckten, quergegliederten Doppelhäuser.
Tourenbeschreibung Wir wandern von der *Bushaltestelle* in Gosen die *Seestraße* geradeaus in die nördliche Richtung. Nach 600 Metern wird der anmutige *Wernsdorfer See* erreicht. An dieser Stelle biegen wir nach rechts in den Uferweg ein. Der an dem breiten Schilf- und Rohrgürtel entlangführende Weg bietet schöne Blicke auf unser nächstes Ziel, die Gosener Berge. Bald mündet der Weg in eine asphaltierte Straße. Hier biegen wir links

ein, wandern an einem rechts liegenden, ehemaligen Stasiobjekt und wenig später an einem *Häuserblock* vorbei und biegen unmittelbar danach hinter einem Gittertor in die nach rechts führende Betonstraße ein (1,6 km).

Vorbei an Verwaltungsflachbauten schreiten wir bis zu dem *Parkplatz*. Hier wenden wir uns nach links und steigen auf dem stellenweise mit Stufen versehenen Weg bis zu dem Gipfel der Gosener Berge (2,1 km). Die noch vor 70 Jahren kahlen Sandkuppen bezeichnete der Berliner mit einer gewissen Ironie als »Berliner Alpen«. Von dem kleinen *Aussichtsturm* des 79,3 Meter hohen Berges öffnet sich eine dem Müggelbergblick ebenbürtige Aussicht. In südlicher Richtung liegt der Krossinsee, rechts daneben der Zeuthener See mit Schmöckwitz, in unmittelbarer Nähe der Seddinsee und dahinter in Richtung nach Nordwesten die Müggelberge.

Der Abstieg erfolgt nach Südwesten. Dazu gehen wir zunächst 20 Meter vom Turm nach rechts, biegen in den schmalen Pfad ein, der bei dem *trigonometrischen Punkt* beginnt, wandern auf diesem in Richtung des Seddinsees, bis wir nach weiteren 30 Metern auf einen schmalen Querweg stoßen. In diesen wird links eingebogen und, entlang eines alten Zaunes, bis zum Fuß der Berge steil abgestiegen. Wir wenden uns hier nach rechts, passieren ein altes Zauntor, wandern entlang einer *Schlucht*, verlassen später das ehemals umzäunte Gelände und biegen schließlich zur Besichtigung der bemerkenswerten Wurzelkiefern in den Querweg rechts ein. Nun geht es 500 Meter nach Nordwesten bis zu einer asphaltierten Straße, die zur Forschungsstelle der Humboldt-Universität führt. Wir überqueren sie und steigen anfangs auf Stufen, später auf schmalem Pfad bis zu einem Plateau (2,9 km) empor.

Hier sind, neben dem reizvollen Blick zum Seddinsee, mehrere prachtvolle *Wurzelkiefern* zu bewundern. Für den Rückweg benutzen wir den Hinweg. Jetzt immer geradeaus, dann vorbei an dem Ausgangspunkt unseres Abstechers (3,4 km), biegen wir schließlich in der Nähe eines kleinen Platzes in den ersten, rechts abzweigenden Weg ein. Dieser mündet bald in einen breiten Waldweg. Wir wenden uns hier nach links und schwenken nach 20 Metern in den rechten Waldweg ein. Auf diesem durch lichten Kiefernwald führenden Weg immer geradeaus weiter, ohne abzweigende Wege zu beachten, gelangen wir in der Nähe eines rechtes liegenden Robinenwäldchen auf einen breiten Querweg. Hier können wir unsere Wanderung geradeaus auf dem schmalen Waldpfad fortsetzen oder den breiten Weg nach rechts benutzen. In beiden Fällen erreichen wir in kurzer Zeit den *Oder-Spree-Kanal.* Nun halten wir uns nach links und folgen dem Kanal bis zu der jetzt schon sichtbaren *Fußgängerbrücke* (4,9 km). Über sie wird der 1887-1890 erbaute Kanal passiert, der ehemals Oberschlesien über die Oder mit Berlin verband.

Wir folgen dem Kanal in die nordwestliche Richtung und erreichen den *Schmöckwitzer Werder.* Hier fand der legendäre Räuber Hans Kohlhase um 1530 Unterschlupf. Der Weg führt uns nun zum an der Kanalmündung gelegenen *Seddinsee* (6,6 km). Am jenseitigen Ufer erinnert ein gut sichtbarer Gedenkstein an den Kanalbau. Der sich langsam in die westliche

Zu Tour 27 **Oder-Spree-Kanal** (Foto: Michael Biedowicz)

Richtung wendende Uferweg gewährt jetzt ständig wechselnde Seeblicke und leitet uns schließlich zu dem Yachthafen von Schmöckwitz (7,9 km).

Wir wandern weiter geradeaus, überqueren auf der *Schmöckwitzer Brücke* die Engstelle der Dahme zwischen Zeuthener und Langen See, folgen der Wernsdorfer Straße und erreichen kurze Zeit später die Endstelle der Straßenbahn (8,8 km) neben der *Dorfkirche*, die 1799 am Rande einer Rundlings (Siedlungsform) auf einer Düne errichtet wurde.

28 Frankfurt/Oder - Pontische Hänge - Lebus

Verkehrsmöglichkeiten Nahverkehrszüge Berlin–Frankfurt/O oder Königs Wusterhausen–Grunow–Frankfurt/O - Rückfahrt von Lebus mit dem Nahverkehrszug Küstrin–Frankfurt/O oder mit dem Bus bis Frankfurt/O. - Während des Sommers besteht eine Schiffsverbindung nach Frankfurt/O.
Parkmöglichkeiten Am Bahnhof Frankfurt/O.
Wegmarkierung Bis Kliestow gelber Balken, dann bis Lebus blauer Balken.
Tourenlänge Etwa 12 km.
Wanderzeit $2^3/_4$ Stunden.
Höhenunterschiede Keine.
Wanderkarte TK 1 : 50 000 Frankfurt (Oder), Blatt N 33–126; 1 : 200 000 Generalkarte Blatt 33.
Wissenswertes Lebus liegt auf einem Höhenrücken am Rande einer sonst flachwelligen Grundmoränenhochfläche, der sogenannten Lebuser Platte, die hier zum etwa 5 km breiten Lebuser Bruch relativ steil abfällt. - Auf Grund der für die Verteidigung günstigen, von Steilhängen abgeschlossenen Höhenlage entstanden bereits in der jüngeren Bronzezeit und später auch in der frühen Eisenzeit befestigte Siedlungskerne. Wegen der starken Befestigung und der wichtigen strategischen Lage an der Oder war Lebus vom 10. Jh. bis zum 13. Jh. der Mittelpunkt des unter polnischer Herrschaft stehenden Lebuser Landes. Nach Zerfall des polnisches Großreiches ging Lebus um 1287 in askanischen Besitz über. - Von den frühmittelalterlichen Anlagen ist nichts mehr sichtbar. Die vorwiegend auf dem *Turmberg* freigelegten Teile, Umfassungsmauer, drei Rundtürme, Wirtschafts- und Wohnbauten, sind Burgreste aus dem 13.–15. Jh. Auch der auf

dem Pletschenberg ausgegrabene mächtige Rundturm entstammt dieser Zeit. – Eine besondere botanische Sehenswürdigkeit am Oderrand sind die etwa 40 m steil ansteigenden *Pontischen Hänge* mit ihrer einmaligen Steppenvegetation. Besondere Aufmerksamkeit verdienen die stark giftigen *Adonisröschen*. Sie stehen hier im größten zusammenhängenden Gebiet Europas, gehören zur Gruppe der Hahnenfußgewächse und sind vom Aussterben bedroht. Im zeitigen Frühjahr hüllen ihre großen Blüten die Hänge in leuchtendes Gelb.

Anmerkungen Die sehr sonnige Streckenwanderung empfiehlt sich im zeitigen Frühjahr zur Blütezeit der Adonisröschen.

Tourenbeschreibung Vom Frankfurter Bahnhof fahren wir mit der Straßenbahn bis zur *Endstelle Lebuser Vorstadt*, dem Ausgangspunkt der Wanderung. Hier folgen wir in der *Kliestower Straße* der gelben Markierung nach Norden. Am Straßenende wendet sich der Weg nach links und steigt nun als *Ragower Talweg* bis zur B 112 (2 km) an. Nach ihrer Überquerung gelangen wir bald zum Viadukt der ehemaligen Eisenbahn und wenig später zu den ersten Häusern von *Kliestow*. An dieser Stelle, am Ende einer Kastanienallee, biegen wir in den von rechts, spitzwinklig einmündenden, jetzt blau markierten Weg ein und gehen zwischen Garagen, auf den östlich davon liegenden alten *Bahndamm* zu. Unser Wanderweg verläuft nun für längere Zeit auf den teilweise noch mit alten Kilometersteinen versehenen, recht bequem zu begehenden Bahndamm der alten Küstriner Strecke. Anfangs noch breit und von Bäumen begrenzt, ist er später mit Buschwerk verwachsen. Die weite und umfassende Aussicht sorgt für Abwechslung auf der sonst etwas eintönigen Strecke.

Nach 3 km Bahndammweg verlassen wir ihn bei einem ehemaligen Eisenbahnhaltepunkt nach rechts, wandern fast bis zur B 112 (6,3 km) und biegen dort links in den Weg zur *Wüste Kunersdorf* ein. Am Dorfeingang (7 km) überqueren wir die Straße und folgen dem im Grund verlaufenden Wanderweg. Er bringt uns an einem Teich vorbei erneut zur B 112. Hier wählen wir die nördliche Richtung, passieren auf einer Brücke das *Booßener Mühlenfließ* und biegen nach etwa 200 Metern, in den rechts abgehenden Weg (8 km) ein. Der Weg führt am alten Mühlengraben und Resten der Mühle vorbei, geradewegs zu den *Pontischen Hängen*. Auf gut bezeichnetem Weg können wir dann sowohl den oberen, weite Fernsicht gewährenden, oder den unteren, für die Betrachtung der Adonisröschen geeigneteren Weg einschlagen. Natürlich ist auch eine Rundwanderung möglich.

Nach Vereinigung beider Wege schlängelt er sich als Wiesenweg am Fuß der steilen Hänge entlang. Auf einem links ansteigenden Weg erreichen wir *Lebus* (10 km), biegen dort nach einer eventuellen Besichtigung der Ausgrabung in die im Ort beginnende B 167 ein und folgen ihr zu dem westlich gelegenen Bahnhof.

29 Frankfurt/Oder - Eichwald - Oder - Steile Wand - Lossow

Verkehrsmöglichkeiten Siehe Route 28 – Rückfahrt von Lossow mit dem Stadtbus.
Parkmöglichkeiten Am Bahnhof Frankfurt/O.
Wegmarkierung Eichwaldweg bis zum Eisenbahntunnel grüner Punkt, bis zur steilen Wand ohne, dann bis Lossow gelber Strich.
Tourenlänge Etwa 9,6 km.
Wanderzeit 2¹/₄ Stunden.
Höhenunterschiede Etwa 50 Meter Anstieg.
Wanderkarte 1 : 25 000 Umgebungskarte Nr. 9, Frankfurt/Oder, Kartographischer Dienst Potsdam. 1 : 200 000 Generalkarte Blatt 33.
Wissenswertes Ein bemerkenswertes Gebiet an der mittleren Oder ist die sogenannte *»Steile Wand«* mit dem frühgeschichtlichen Lossower Ringwall, etwa 10 km südlich von Frankfurt/O. Das etwa 15 m hohe, am Frankfurter Oderpaß stehende Kliff besitzt einen für das Gebiet ungewöhnlich hohen Steilabfall. Fast senkrecht aus der Oderniederung steigt hier die aus lehmigem Sand bestehende Moränenmerkelwand nach oben. – Bei der im allgemeinen als Schwedenschanze bezeichneten Lossower Wallanlage handelt es sich um eine bronzezeitliche Burganlage (etwa 1000 v. Chr.) von beachtlichen Ausmaßen. So besitzen die über 120 m langen Nord- und Westwälle auch heute noch

Zu Tour 29 **Waldweg im Naturschutzgebiet Eichwald** (Foto: Manfred Feller)

eine Höhe von 4 bis 6 m. In der nachfolgenden frühen Eisenzeit (750–610 v. Chr.) wurde das Areal, wie die vielfältig angelegten Opferschächte zeigen, als Kultplatz genutzt. In den teilweise bis zu 8 m tiefen Schächten fanden sich Skelette von Menschen- und Tieropfern. - Während der slawischen Periode entstand auf den Vorgängern ohne wesentliche Veränderung des Wallsystems eine ausgedehnte altslawische Burg.

Anmerkungen Bei nassem Wetter ist der unterhalb der Steilen Wand verlaufende Pfad wegen seiner lehmigen Struktur nur schwer begehbar.

Tourenbeschreibung Vom Ausgangspunkt unserer Wanderung, dem *Frankfurter Hauptbahnhof*, schlagen wir die nordöstlich vom Bahnhofsvorplatz abgehende Ferdinandstraße und nach wenigen Schritten den rechts abgehenden, unmittelbar an der Bahn verlaufenden Klenksberg ein. Wir wenden uns dann am Zollamt nach links, wandern rechts am Kulturhaus vorbei, steigen auf den Treppen nach unten, schwenken dann in die Gubener Straße nach Süden ein, überqueren den nächsten Platz schräg und kommen dann unmittelbar zur *Oderallee*. Der Weg führt nun entlang ehemals großartiger Gründerzeitvillen bis zur *Stadthalle*. Hier wird die Straße überquert und in den ostwärts abgehenden *Eichwaldweg* (1,8 km) eingebogen (mit einem grünen Punkt bezeichnet). Wir überschreiten ein fast unscheinbares Fließ der *Bardaune* und folgen unverzüglich dem Wiesenweg, der von Eichen gerahmt ist.

Der Weg geht weiter nach Südosten zum Eichenwald und unterquert die Eisenbahn. Dort verlassen wir den nach rechts führenden markierten Weg, wandern in der bisherigen Richtung weiter und kommen schließlich durch einen weiteren Tunnel in das interessante Naturschutzgebiet *Eichwald*. Der urwaldähnliche, bedrückend wirkende Eichenwald ist in seiner Größe für die Oderaue einmalig. Der durch den Wald führende Weg passiert nach geraumer Zeit eine breite Viehdrift (4,4 km). Jetzt heißt es Obacht geben, damit der nächste links abgehende Pfad nicht verpaßt wird. Wir wandern zunächst noch entlang einer rechts befindlichen Wiese, von uns durch eine Baumgruppe getrennt, geradeaus weiter. Am südlichen Wiesenende setzt sich der geradeaus verlaufene Weg nur noch als Trampelpfad durch ein Gebiet üppiger Vegetation fort. An dieser Stelle müssen wir links in den kreuzenden, schmalen Pfad einbiegen. Am Ende des sich durch den dichten Wald schlängelnden Pfades öffnet sich plötzlich die Landschaft (5,4 km). Im südwestlichen Hintergrund zeigt sich nun bereits die Steile Wand. Auf dem Wiesenweg geht es zunächst am Eichenwald weiter nach Süden.

Der Weg nähert sich immer der Oder, die links von uns fließt. Im weiteren Verlauf der Wanderung müssen wir entweder an der *Oder* entlang oder auf der Viehdrift auf die südwestlich vor uns liegende Steile Wand zusteuern. Nach einiger Zeit wird der Eisenbahntunnel (6,6 km) erreicht. Ohne ihn zu passieren, folgen wir dem schmalen zwischen der Oder und der Bahn bzw. *Steilen Wand* verlaufenden wildromantischen Pfad. Auf ihm geht es zunächst unterhalb der Steilen Wand durch Unterholz ein wenig bergauf, dann wieder bergab, später auch an der Oder entlang, bis wir schließlich zum nächsten *Eisenbahntunnel* kommen. Hinter dem Tunnel geht es auf dem unmittelbar rechts abzweigenden, bergan führenden Pfad bis zum Stellwerkhaus und dort links auf den Treppen weiter nach oben. Die Aussicht ist hier besonders weit und umfassend. Wir folgen der gelben Markierung und der elektrischen Leitung und sehen bald auf der rechten Seite die *Wallanlagen.* Ein lohnenswerter, wenn auch etwas beschwerlicher Aufstieg führt auf die Wallkrone, wo sich der Wall auf gutem Weg abschreiten läßt. Auf sonnigen Wanderweg erreichen wir schnell *Lossow.*

Land Beeskow-Storkow, Schlaubetal

Das Wandergebiet umfaßt die Jungmoränenlandschaft Saarower Hügel, Beeskower Platte und die Lieberoser Hochfläche. Die der Randlage 4 entstammenden Stauchendmoränen der Saarower Hügel erreichen im nördlichen Teil teilweise beachtliche Höhen von 148 m bei den Rauenschen-, 150 m bei den Dubrow- und 125 m bei den Lausebergen. Häufig finden sich auf den Hügeln Geschiebe von bisweilen ungewöhnlicher Größe (Markgrafensteine). Zahlreiche Rinnensysteme wie die Scharmützelseerinne und der Große Storkower See sorgen für eine interessante Struktur.

Die dem Saarower Hügel anschließende Beeskower Platte besteht vorwiegend aus Grundmoränenflächen. Nur im Nordwesten, im Gebiet von Herzberg, finden sich noch vereinzelt Stauchmoränen. Im Osten wird die Platte von der Spree begrenzt, die hier auch für ihre Entwässerung sorgt. – Die östlich davon beginnende Lieberoser Hochfläche wird im Norden vom Berliner-, im Süden vom Baruther Urstromtal und im Osten von Oder und Neiße umgeben. Seine höchste Erhebung befindet sich mit dem Hutberg (162 m) auf der bereits in der Saalekaltzeit gebildeten und in der Weichselkaltzeit nur gering überschütteten Fünfeichener Hochfläche. In der Grunower Staffel des Brandenburger Stadiums verlegten die von der Fünfeichener Hochfläche kommenden Schmelzwasser ihre Richtung vom Baruther Urstromtal vorbei an eingeschlossenem Toteis nach Westen, wobei das heute mit zu den schönsten Tälern Brandenburgs zählende Schlaubetal die Rinnenentwässerung übernahm.

In seiner wechselvollen Geschichte war das Gebiet wiederholt der Streitpunkt zwischen der Mark Brandenburg und der Mark Meißen, später zwischen Preußen und Sachsen. – Zunächst gehörte auch Beeskow seit 1209 unter den Herrn v. Strehle zum lausitzischen Herrschaftsbereich, gelangte aber durch die Beeskower Herren v. Biberstein (1377/82–1490) als Land Beeskow-Storkow (1359) in den wettinischen Einflußbereich. Auf ständiges Betreiben Brandenburgs kam es 1701 als neunter mittel-

Zu Tour 30 **Jagdschloß Hubertushöhe** (Foto: Manfred Feller)

märkischer Kreis unter Brandenburgische Verwaltung und 1742 nach dem ersten Schlesischen Krieg durch den Breslauer Frieden endgültig in preußischen Besitz. 1815 wurde es durch die Hardenbergsche Verwaltungsreform vorübergehend auf die Kreise Lübben (Beeskow) und Teltow (Storkow) aufgeteilt. Schon 1836 erfolgte dann durch Friedrich August Marwitz (1777/1837), der das Urbild des Berndt von Vitzwitz in Fontanes Roman »Vor dem Sturm« abgab, die Wiedervereinigung zum Land Beeskow-Storkow mit Beeskow als Hauptstadt. - Der wettinische Markgraf Heinrich der Erlauchte (1218–88) stiftete 1268 das Zisterzienserkloster Neuzelle und stattete es mit einem zunächst bescheidenen Grundbesitz aus, der dann 1429 bis zum Schlaubetal ausgedehnt wurde. Während des Dreißigjährigen Krieges kam es zunächst pro forma und 1623 direkt zur sächsischen Niederlausitz und schließlich 1815 zu Preußen.

30 Wanderung Storkow - Dahmsdorf - Schafsbrücke - Hubertushöhe - Storkow

Verkehrsmöglichkeiten Nahverkehrszug Königs Wusterhausen-Grunow.
Parkmöglichkeiten Auf dem Markt.
Wegmarkierung Anfangs grüner Balken, ab Dahmsdorf gelber Punkt, später ohne.
Tourenlänge Etwa 21 km, bzw. - Storkow bis Bahnhof Scharmützelsee etwa 13,5 km - Storkow bis Hubertushöhe etwa 16,5 km - Bahnhof Scharmützelsee bis Storkow etwa 12,5 km - Bahnhof Scharmützelsee bis Hubertushöhe etwa 7,5 km - Hubertushöhe bis Storkow etwa 7 km.
Wanderzeit 5 Stunden bzw. bei vorherigem Abbruch auch wesentlich weniger.
Höhenunterschiede Etwa 100 Meter An- und Abstieg.
Wanderkarte 1 : 25 000 Umgebungskarte Nr. 6, Storkow und Nr. 7, Fürstenwalde, Kartographischer Dienst Potsdam. 1 : 200 000 Generalkarte Blatt 33.
Wissenswertes Die erstmals 1209 als Burg erwähnte Kleinstadt *Storkow* liegt in einer Talsandfläche am Großen Storkower- oder Dolgower See, wie er auch bezeichnet wird. - Von der einstmaligen Burg und dem 1518 zum Wohnschloß der Lebuser Bischöfe umgebauten Wohnschloß blieb nach dem Brand von 1978 kaum noch etwas übrig. Lediglich das in Backstein errichtete, mittelalterliche Brauhaus und einige mit Stützpfeilern versehene Mauer-

reste stehen noch. - Die meist zweigeschossigen Traufenhäuser im Marktbereich stammen überwiegend aus dem 18. bis 19. Jh. - Die *Binnendüne Waltersberge* gehört mit einer Höhe von 32 m und stellenweise sogar bis 40 m zu den höchsten Binnendünen der Mark. Auch die Länge der Kerndüne von 0,5 km (mit Ausläufern 1 km) ist beachtenswert.

Anmerkungen Die Rundwanderung läßt sich ohne weiteres in einzelne Streckenwanderungen aufteilen. Für Kraftfahrer bietet sich dabei Storkow als Zentrum an. Empfehlenswert ist die Streckenwanderung Storkow-Bahnhof Scharmützelsee (13,5 km) und Bahnhof Scharmützelsee-Hubertushöhe (7,5 km). - Nach einer längeren Regenperiode ist das im Teilstück Scharmützelsee-Hubertushöhe liegende Sumpfgebiet nur mit geeignetem Schuhwerk passierbar.

Tourenbeschreibung Wir beginnen mit der Wanderung vor dem Bahnhof, wandern vorüber an dem lieblichen, typischen kleinstädtischem *Markt*, passieren den Storkower Kanal und setzen unseren Weg in die nordöstliche Richtung bis zu einer Mehrfachkreuzung fort. Nach ihrer Überquerung geht es auf der *Reichenwalder Straße* nach Osten in Richtung Wolfswinkel. Bald wird die Badestelle am Großen Storkower See erreicht. Wenig später beginnt im Knie einer leichten Rechtskurve der mit einer Lindenallee gezierten Landstraße, der links abzweigende, leicht zu übersehende Aufstieg (2,9 km) zum Flächennaturdenkmal *Binnendüne Waltersberge.* Der schmale, mit Stufen versehene Pfad führt uns zum Gipfel der Düne, die hier einen reizvollen Blick über den See gewährt. Auf gleichem Weg zurück zur Landstraße. Etwas hinter der Gaststätte *Zum Weinberg* biegen wir nach 4,7 Kilometer in die rechte, nach Wolfswinkel führende Straße ein und folgen dem grün markierten Weg. Bei einer leichten Rechtsbiegung (5,6 km) geht es auf der links abzweigenden Waldstraße nach Dahmsdorf (ausgeschildert) weiter.

Der Weg bringt uns zu einer langgezogenen Waldwiese, die einen Blick nach Norden bis hin zum Weinberg freigibt. Der von Birken begrenzte Wanderweg wendet sich anschließend nach rechts und verläuft weiter an dem durch die Bäume blinkenden Storkower See. Etwas später kommen wir zum Campingplatz Dolgensee (8,7 km) und bald zum 125 Einwohner zählenden *Dahmsdorf.* Im Ort macht die in einer noch gut erkennbaren frühgeschichtlichen Wallanlage stehende *Dorfkirche* auf sich aufmerksam. Der rechteckige Feldsteinbau stammt aus dem 15. Jh. und ist mit einem schönen Fachwerkturm von 1719 geschmückt.

Von der Kirche wandern wir nach Südwesten, kreuzen die Dorfstraße, steigen steil zum *Großen Storkower See* ab und biegen

links in den unterhalb des Campingplatzes verlaufenden, mit einem gelben Punkt markierten Wanderweg ein. Der Weg, der mit einladenden Bänken versehen ist und zwischen den Bergen und linken Seeufer verläuft, führt uns in die südöstliche Richtung bis zu den Kanalwiesen. An der *Schafsbrücke* (11 km), die ihren Namen den Schäfern verdankt, die früher ihre Herden über die Brücke zu den jenseits gelegenen Weideflächen trieben, wird schließlich der Kanal überquert. An dieser Stelle besteht die Möglichkeit für einen Abstecher zum nahegelegenen Wendisch Ritz oder einem Abbruch der Wanderung.

Zum 2,5 Kilometer entfernt liegenden Bahnhof Scharmützelsee, von dem aus eine relativ gute Zugverbindung nach Storkow besteht, geht es geradeaus zur Landstraße, dort nach rechts bis zum Bahnübergang und dann zum linker Hand gelegenen Bahnhof. Umgekehrt kann auch die Wanderung am Bahnhof begonnen werden. Der Weg zur Schafsbrücke führt dann über den westlich liegenden Bahnübergang, an der Gemeinde vorbei, über den Kanal zur Straßengabelung am Ortsausgang, dort auf der Dahmsdorfer Straße nach links bis zum Ende eines Betriebsgeländes und nun nochmals links bis zu dem mit einem gelben Punkt (alte Markierung blaues Dreieck) markierten Wanderweg.

Von der Schafsbrücke geht es an einer weiten, freien Auenlandschaft nach Westen, zunächst noch durch Robinienwälder, später auch durch Kiefernwald mit eingesetzten Fichten. Bald erreichen wir den kritischen Punkt der Wanderung (14 km), ein nach längeren Regenfällen schwer begehbares Sumpfgebiet.

Nach seiner Überwindung wandern wir dann mühelos in Nähe des Südwestufers weiter. Etwa 200 Meter hinter einer gefällig am Ufer gelegenen Badestelle (15 km) schwenken wir in den rechten schmalen Pfad ein, verlassen bei der nächsten Badestelle den hier abgesperrten Uferweg nach links und folgen der asphaltierten Waldstraße nach rechts bis zu dem rechter Hand liegenden, romantischen *Jagdschloß Hubertushöhe* (15,5 km), welches 1908 Geheimrat Büxenstein erbauen ließ.

Das 1935 von den Brüdern Reemtsma erworbene Schloß wurde nach dem Krieg enteignet, diente ab 1948 als Landesfischerschule, ab 1970 als Ingenieurschule für Binnenfischerei und gelangte 1992 wieder an seine ursprünglichen Besitzer.

Hier besteht nochmals vom nahegelegenen Bahnhof Hubertushöhe die Möglichkeit einer Rückfahrt nach Storkow oder Königs Wusterhausen. – Unser weiterer Wanderweg erreicht die Bahn und wenig später eine *Bungalow Siedlung.* Hier wandern wir auf dem rechts an der östlichen Begrenzung der Siedlung verlaufenden Weg zur nordöstlichen Grenze und dann auf dem schmalen Waldpfad weiter nach Norden bis zur breiten sonnigen Fahrstraße. Nach einem links gelegenen Sportplatz müssen wir in den zweiten rechts abzweigenden Weg einbiegen. Der Wanderweg bringt uns entlang eines verwilderten Fußballfeldes in wenigen Minuten erneut zum *Storkower See* und wenig später zur gepflegten Storkower Badestelle (19 km), die mit zahlreichen Bänken ausgestattet ist. Jetzt folgt der Wanderweg der *Seepromenade.* Achtung! Ende der Promenade bitte

Zu Tour 31 **Der Markgrafenstein, ein märkisches Weltwunder** (Foto: Manfred Feller)

nicht geradeaus weiterwandern, sondern in den linken Weg einbiegen. In kurzer Zeit gelangen wir zur Hauptstraße, wenden uns dort nach rechts, wandern immer geradeaus, vorbei an dem ausgebrannten *Storkower Schloß* bis zu dem Markt. Von hier ist es noch 1 Kilometer bis zum südwestlich gelegenen Bahnhof.

31 Bad Saarow - Markgrafensteine - Bad Saarow

Verkehrsmöglichkeiten Nahverkehrszug Berlin-Frankfurt/O bis Fürstenwalde, dann auf der Strecke Fürstenwalde-Beeskow oder mit dem Bus ab Fürstenwalde - Rückfahrt bei einem eventuellen Abbruch in Rauen mit dem Bus bis Fürstenwalde oder Storkow.
Parkmöglichkeiten Lindenstraße in Nähe des Seebades.
Wegmarkierung Ungenau.
Tourenlänge Etwa 11,8 km, bei Abbruch in Rauen 9 km.
Wanderzeit 3 Stunden.
Höhenunterschiede Etwa 100 Meter, im Bereich des Steinernen Tisches auch steiler An- und Abstieg.
Wanderkarte 1 : 20 000 Scharmützelsee, MEWA Freizeitkarte. 1 : 200 000 Generalkarte Blatt 33.
Wissenswertes *Bad Saarow* liegt zwischen dem Scharmützelsee und den 148 m hohen Rauenschen Bergen. - Bis Anfang des Jahrhunderts fristete das 1550 von den Löschebrands erworbene Saarow ein bescheidnes Dasein. Noch Fontane, der am 8. 4. 1881 in Saarow weilte, ließ in Bd. 4 der »Wanderungen« durch den Kutscher Moll sagen: »Is das eine Gegend! In Saarow is nichts, das kenn ich, und hier in Pieskow is gar nichts«. Erst nachdem 1905 die Berliner Landbank auf den gekauften Saarower und Pieskower Gütern Villensiedlungen erbaute, begann ein Neuanfang. Viele bekannte Persönlichkeiten, u. a. Maxim Gorki, weilten hier zur Kur oder, wie Egon Erwin Kisch, zu Besuch bzw. wählten, wie Max Schmeling und Harry Liedtke, ihren ständigen oder Sommersitz in Saarow. Selbst die am 25. 12. 1957 in Wien gestorbene Käte Dorsch fand (nach ihrem letzten Willen) in Saarow ihre letzte Ruhe. - Sehenswert ist die 1911 im Heimatstil errichtete dreiflügelige Bahnhofsanlage, das 1826 in Potsdam von Friedrich Wilhelm III. für die russischen Sänger seines Gardeschützenregimentes errichtete russische Blockhaus, das 1912 nach hier umgesetzt wurde. Weiter das 1723 erbaute und 1966 umgebaute ehemalige Gutshaus der Löscheburgs sowie die gegenwärtig noch von den GUS-Streitkräften genutzten Kuran-

lagen. - Die wahrscheinlich schon während der Saalekaltzeit von Mittelschweden durch Gletscher hierher transportierten *Markgrafensteine* erregten schon immer, wie die vielen Sagen beweisen, die Aufmerksamkeit der Menschen. Der ehemals Große und jetzt kleinere Stein wurde 1827 in drei Teile gespalten. Aus dem Mittelstück fertigte man eine 6,91 m im Durchmesser und 44 Personen fassende Schale, die 1834 ihren Platz vor dem Alten Museum in Berlin erhielt. Über den Kleinen Stein (Länge 5,8 m, Breite 5,6 m, Höhe 5,7 m) schrieb Fontane: »Das sollte nun einer der berühmten Markgrafensteine sein, eines der sieben märkischen Weltwunder! Ich hatte mir diese Steine halb memonsäulenartig oder doch wenigstens als ein paar von der Natur gebildeten Riesenobelisken gedacht und sah nun etwas Zusammengekauertes daliegen, das genau den Eindruck eines toten Elefanten auf mich machte.« - Der *Scharmützelsee* ist mit einer Fläche von 12,8 km^2, 11 km Länge und 28 m Tiefe der größte im Land Brandenburg.

Anmerkungen Die leider sehr schlecht markierte Wegstrecke führt durch einsame Wälder bis zu den Markgrafsteinen. - Nach dem Steinernen Tisch kann ein Abstecher zur alten Rauener Wehrkirche unternommen (Hin- und Rückweg 4 km) bzw. dort die Wanderung beendet werden.

Tourenbeschreibung Vom Bahnhof wandern wir entlang der *Ulmenstraße*, vorüber am russischen Blockhaus der ehemaligen - aber von Gorki niemals besuchten - Maxim-Gorki-Gedenk-

Zu Tour 31 **Maxim-Gorki-Gedenkstätte in Bad Saarow** (Foto: Michael Biedowicz)

stätte, der Solequelle und dem Moorbad in die westliche Richtung bis zur Ahornstraße, biegen dort links ein und erreichen schnell das Seebad und die Dampferanlegestelle an der *Schwanenwiese*, dem Ausgangspunkt unserer Wanderung. Von hier geht es auf dem unmittelbar links an der *Pechhütte* vorbei-

führenden Fußweg weiter. Wir überqueren die Lindenstraße und biegen bei der nächsten Wegkreuzung (Heidestraße) rechts, 150 Meter weiter links in den leicht zu übersehenden Weg ein. Durch ansprechenden Wald schreiten wir vorüber an Einfallgebieten des alten Bergbaues geradeaus weiter, ohne auf die abzweigenden Wege zu achten. Der hinter einem kreuzenden Waldweg (3,3 km) beginnende Aufstieg bringt uns zunächst zur alten *Kolpiner-Petersdorfer-Straße* (4,4 km). Wir überschreiten sie und folgen dem Naturlehrpfad in die nordwestliche Richtung bis zu einem oberhalb einer Suhle, mit Bänken versehenen Rastplatz (5 km). Hier bietet sich uns eine beschauliche Aussicht über das fast völlig bewaldete Hügelgelände der Rauenschen Berge. Auf dem nächsten Querweg etwa 200 Meter nach links, geht es dann auf dem rechtwinklig nach Norden abzweigenden Weg weiter. Der einige Hügel überwindende Wanderweg mündet schließlich in einen breiten, von rechts kommenden Weg. Wir folgen diesem

Zu Tour 32 **Am Scharmützelsee, dem märkischen Meer** (Foto: Manfred Feller)

nach links, wandern nach wenigen Minuten an einer Schutzhütte vorbei und erreichen kurze Zeit später auch den ehemals Kleinen und heutigen größeren *Markgrafenstein* (6,2 km).

Der ehrwürdig in einem von Eichen umsäumten mit ausreichenden Bänken und Hinweisschildern versehenen Hain liegende Findling besitzt eine beeindruckende Größe. Von hier wandern wir zunächst zum Rest des *Großen Steines* 40 Meter in westlicher Richtung, dann auf dem schmalen Weg oberhalb der für den Transport errichteten Hohlkehle bis zur asphaltierten Straße und steigen gegenüber steil zum *Steinernen Tisch*, einem weiteren Rest des Großen Steines auf. Leider ist die von Fontane gelobte Aussicht heute fast völlig verwachsen.

An dieser Stelle bietet sich auf dem etwas unterhalb, rechts abgehenden Kammweg ein Abstecher zu der für diese Gegend so außergewöhnlichen Sprungschanze an. Auf schmalem Pfad erfolgt nach Südwesten der steile Abstieg bis zur asphaltierten *Rauener Straße.* – Von hier sind es noch 2 Kilometer bis nach Rauen und seiner sehenswerten Wehrkirche (Busverbindung nach Storkow und Fürstenwalde).

Sonst wenden wir uns auf der Straße nach links und biegen in den zweiten rechts abgehenden Weg ein. Der leicht abfallende Wanderweg schlängelt sich durch schönen Kiefernwald, ausgedehnte Lärchen- und Fichtenwälder, bis er schließlich in die alte *Rauen-Saarower-Waldstraße* (8 km) mündet. Hier wählen wir die linke Seite und wandern, ohne auf weitere abzweigende Wege zu achten, durch Robinienwälder immer entlang des Hauptweges. Am Naturlehrpfad ist bei der folgenden Wegegabelung (8,8 km) der linke Weg einzuschlagen. Bald passieren wir die *Kolpiner-Petersdorfer-Straße*, wandern ein wenig später an dem romantisch mitten im Wald liegenden *Teufelssee* vorbei, biegen später in die asphaltierte Kolpiner Straße links ein und erreichen so in wenigen Minuten den Ausgangspunkt unserer Wanderung.

32 Scharmützelsee - Glubigsee - Springsee - Springquelle - Scharmützelsee

Verkehrsmöglichkeiten Nahverkehrszug Königs Wusterhausen–Beeskow
Parkmöglichkeiten Vor dem Bahnhof Scharmützelsee.
Wegmarkierung Bis in Nähe des Kesselsees grüner Balken, bis zum Seerosenfließ ohne und von dort wieder der grüne Balken.
Tourenlänge Etwa 11,7 km.
Wanderzeit 3 Stunden.
Höhenunterschiede Etwa 80 Meter An- und Abstieg.
Wanderkarte 1 : 20 000 Scharmützelsee, MEWA Freizeitkarte. 1 : 200 000 Generalkarte Blatt 33.
Wissenswertes Mit dem Bau der Bahnlinie Königs Wusterhausen–Beeskow (1898) entstand hier eine Haltestelle am vielleicht schönsten Aussichtspunkt des Scharmützelsees. Der Blick über den See mit den im Hintergrund sichtbaren 148 m Rauener-, 150 m hohen Dubrower- und den 111 m hohen Soldatenbergen ist einzigartig. – Das älteste Bauwerk in der näheren Umgebung ist die Neue Mühle mit unterschlächtigen Mühlrad, die am Mühlenfließ des Glubigsee liegt. Der Feldsteinbau wurde vermutlich bereits im 15. Jahrhundert errichtet, wobei die heutige Ansicht von dem Umbau aus dem Jahre 1834 stammt.
Tourenbeschreibung Die Wanderung beginnen wir am Bahnhof *Scharmützelsee.* Wir überqueren die B 246 und schreiten auf dem schmalen, parallel zur Straße verlaufenden Waldpfad nach links in die östliche Richtung. Bald treffen wir auf die grüne Markierung, die uns jetzt, abgesehen von kleinen Unterbrechungen, immer begleiten wird. Nach 700 Metern biegt der anfänglich noch

asphaltierte Wanderweg rechts zum Hotel *Haus am Glubigsee* ein. Die an dieser Stelle angebrachte Kartentafel gewährt uns eine Vorausschau auf das Wandergebiet. Wir wandern rechts an einem Fließ geradeaus, passieren es wenig später, durchqueren die folgende Schonung und kommen bald zu einem breiten Sandweg (1,7 km). In diesen schwenken wir rechts ein, laufen 20 Meter und verlassen ihn auf dem nach links abbiegenden Waldweg. Bei der nächsten Wegegabelung geht es dann am linken Weg an hübschen Rastplätzen mit Bänken und Aussichten vorbei zu einem *Gelände der Bundespost* (2,6 km).

Kurz danach bietet sich ein Blick auf den völlig von Wäldern und Bergen eingeschlossenen *Glubigsee.* Außerhalb der Saison wird die Einsamkeit nur vom emsigen Treiben der Wasservögel unterbrochen, denen der stellenweise recht breite Schilfgürtel Unterschlupf gewährt. Wir wandern weiter durch Wald mit auffallenden Roteichen, entlang eines hügligen Geländes bis zur nächsten Wegegabelung (3,7 km). Hier wählen wir den rechten unmarkierten Weg, der sich vom See entfernt, sanft ansteigt und bald eine Hochspannungsleitung unterquert. Wenig später führt er uns wieder zu dem grün markierten Uferweg, der unterhalb von Kiefernwald bewachsenen Berghängen verläuft.

Nach 4,5 Kilometern wendet sich der markierte Weg in einem großen Bogen nach Osten. An dieser Stelle verlassen wir ihn erneut auf einem nach rechts in die südliche Richtung abzweigenden Weg. Nach Passieren eines alten Schlagbaumes geht es durch ein Gebiet, in dem früher Palästinenser ausgebildet wurden. Bald kommen wir an dem plötzlich und unvermutet vor uns liegenden romantischen *Kesselsee* vorbei, steigen dann auf dem Waldweg, der an einem links liegenden Fichtenwald vorbeiführt, 50 Meter steil bergan und gelangen schließlich auf Bergeshöhe zu einem breiten Weg. Ein prächtiger Ausblick vom kleinen Rastplatz belohnt den Aufstieg zur *Springseestauchmoräne.* Hier schwenken wir in die Waldstraße rechts ein, wandern auf den immer noch ansteigenden Bergrücken entlang an Resten von Armeeprojekten bis zu einer Kreuzung (5,3 km); dort wählen wir den zweiten, links in die Höhe führenden Weg. Bereits nach 20 Metern wird er dann auf dem rechts abgehenden, noch ansteigenden Weg wieder

Zu Tour 32 **Wanderweg auf der Springsee-Endmoräne** (Foto: Manfred Feller)

verlassen. Wenig später bietet er vom *Berggipfel* (5,7 km) eine Fernsicht über den Springsee. Jetzt geht es an Bungalows vorbei steil in die Tiefe bis zur Badestelle, dann rechts immer am Ufer entlang.

Etwa in der Mitte des Ostufers erreichen wir die für das Gebiet außergewöhnlich starke *Springquelle.* Am nördlichen Ende des Sees (8,2 km) verlassen wir den nach links führenden Weg und halten uns immer rechts am *Seerosenfließ*, welches den Springsee mit dem Glubigsee verbindet, bis zum grün markierten Wanderweg. Diesem folgen wir rechts bis zur asphaltierten Straße, die in unmittelbarer Nähe des Glubigsees (8,7 km) verläuft. Dort schreiten wir 20 Meter nach rechts und biegen zwischen zwei Grundstücken links zum See ab. Auf schmalen Pfaden folgen wir jetzt dem Ostufer des *Großen Glubigsees*. Der Weg führt uns schließlich zu einem in das Nordufer mündendem Fließ, ohne es zu passieren folgen wir dem nach rechts führenden Weg bis zur asphaltierten Landstraße und dort nach links bis zur B 246. Wir wenden uns nach links, sehen rechts die alte *Wassermühle* liegen und wandern parallel zur Straße direkt zum Bahnhof Scharmützelsee.

33 Lindenberg - Herzberg - Diensdorf - Scharmützelsee - Hartensdorf - Lindenberg

Verkehrsmöglichkeiten Nahverkehrszug Königs Wusterhausen-Grunow. - Rückfahrt bei Abbruch in Diensdorf: Im Sommer mit dem Schiff (Anlegestelle etwa 1 km nördlich der Gaststätte Fischerhütte) bis Wendisch Ritz oder Bad Saarow, sonst mit dem Bus bis Lindenberg oder Fürstenwalde.
Parkmöglichkeiten Bahnhof Lindenberg, eventuell auch in Herzberg.
Wegmarkierung Am Herzberger See gelbes Quadrat, sonst weitgehend roter Balken bzw. rotes Quadrat.
Tourenlänge Etwa 18,7 km vom Bahnhof Lindenberg bzw. 14 km von Herzberg und 8,4 km bei Abbruch in Diensdorf.
Wanderzeit 4 1/2 bzw. 3 3/4 Stunden oder 2 Stunden bei Abbruch in Diensdorf.
Höhenunterschiede Etwa 100 Meter An- und Abstieg.
Wanderkarte 1 : 25 000 Umgebungskarte Nr. 7, Fürstenwalde, Kartographischer Dienst Potsdam. 1 : 200 000 Generalkarte Blatt 33.
Wissenwertes Bekannt wurde *Lindenberg* mit seinen etwa 1000 Einwohnern durch das erste Aeronautische Observatorium der Welt. Richard Aßmann (1845–1918), der Entdecker der Stratosphäre, gründete es und Kaiser Wilhelm II. weihte es 1905 auf den Kalkbergen ein. Viele Wissenschaftler, u. a. Alfred Wegener (1905/06) waren hier tätig. In der einzigartigen Einrichtung untersuchte man viele Jahre mit Hilfe riesiger, bis zu 5 km Höhe aufsteigender Drachen, die oberste Atmosphäre. - Um 1919 wurde die 1667/69 erbaute und 1917 ausgebrannte Dorfkirche, ein für die Mark relativ seltener quadratischer Zentralbau, im alten Stil wieder hergestellt. - Die mächtige neugotische *Herzber-*

Zu Tour 33 **Lindenberger Windenhaus für Großdrachen** (Foto: Manfred Feller)

ger Kirche vom Ende des 19. Jh. steht auf einem Vorgängerbau aus dem 13. Jh.

Anmerkungen Die Wanderung läßt sich auch in Herzberg beginnen bzw. in Diensdorf (siehe Verkehrsmöglichkeiten) beenden.

Tourenbeschreibung Vom Bahnhof gehen wir etwa 150 Meter nach Osten und biegen gleich in die Herzberger Chaussee ein. Wir sehen links das alte *Windenhaus* für Großdrachen und auf dem 121 Meter hohen Kalkberg das berühmte Observatorium, auch ein fast immer besetztes Storchennest kann beobachtet werden. Der Kirchturm von *Herzberg* (1,6 km) zeigt sich vor uns und wird bald erreicht. Links an der stattlichen Kirche vorüber, erreichen wir schließlich den westlichen Ortsausgang (2,5 km) und wenig später auch eine Wegegabelung. Hier setzen wir die Wanderung auf dem rechten Weg fort. Der Hohlweg, von Pflaumenbäumen, Robinien und Eichen gesäumt, bietet weite, prachtvolle Aussichten. Auf der Mitte der Strecke sollten wir uns den rechts einmündenden Weg für den Rückweg merken. Der durch die leicht hüglige, freie Natur verlaufende Weg führt uns zum Wald (3,4 km) und dann zu einer Wegegabelung. Jetzt links einschwenkend, sind wir nach kurzer Zeit in der tief eingeschnittenen Talsohle des *Herzberger Sees*.

Hier bietet sich ein lohnenswerter Abstecher nach links zu dem lieblichen, mit bewaldeten Hängen umgebene See an. Zurück zum teilweise mit Feldsteinen ausgebauten Weg wandern wir, ohne die abgehenden Wege zu beachten, weiter nach Westen. Am Ende des Tales gelangen wir nach einem kurzen Anstieg an einer *Wegspinne* zu einem an den Thüringer Wald erinnernden Rastplatz (4,6 km). Der bisherigen Richtung folgend, führt uns der Weg durch Robinien-, Kiefern- und Fichtenwälder etwas später an einer weiteren *Wegspinne* (6,7 km) erneut zu einem Rastplatz mit einer wunderschönen Aussicht, in Richtung zum von der Bundespost genutzten Kolberg. Auch das nächste Ziel, der unter uns liegende Scharmützelsee, schimmert bereits durch den Wald. Wir folgem dem stetig fallenden Waldweg, vorbei an der Diensdorfer Siedlung bis zur Landstraße (8 km), die von Bad Saarow kommt. Auf ihr geht es nach rechts bis *Diensdorf*, wo wir durch einen kleinen gepflegten Park das Ostufer des *Scharmützelsees*, das märkische Meer, erreichen.

Wir erblicken im Norden die mit einem Feuerwachturm gekrönten Rauenschen Berge, davor die Ufer von Pieskow,

weiter westlich die beiden Inseln Großer und Kleiner Werl und dazwischen auf einer Halbinsel den Eibenhof. Zurück zur Gaststätte »Alte Fischerhütte« steigen wir, noch einen Blick auf den Scharmützelsee werfend, auf dem nach Osten abzweigenden Weg bergan. Auf der Höhe des Berges bei der nächsten Gabelung wandern wir geradeaus weiter. Bald öffnet sich die bergige, mit Birken und Wäldern durchsetzte Natur, die der Lüneburger Heide ähnelt. Jetzt folgen wir dem angenehmen, mit einladenden Bänken versehenen Hauptweg, ohne kreuzende Wege zu beachten, bis zu dem einsam gelegenen *Hartensdorf* (12,8 km).

Nach einem Abstecher zum Herrenhaus, das vom endgültigen Verfall bedroht ist, mit seinem markanten Turm und dem verwilderten alten Gutspark, in dem einige übriggebliebene prachtvolle Buchen stehen, wandern wir zu dem westlichen Dorfausgang zurück. Hier biegen wir bei dem letzten Haus links ab, folgen dem Weg und schwenken schließlich nach 1,4 Kilometern bei einem Jungbestand an Kiefern in den ersten kreuzenden Weg (14,2 km) links ein. Der Weg tritt später aus dem Wald und und setzt sich als Feldweg fort. Bei einer Birkenallee verlassen wir ihn ein kurzes Stück und wandern auf dem schmalen Pfad weiter geradeaus bis zu unserem breiten Feldweg. Wir folgen ihm dann in die südliche Richtung, überwinden wenig später einen kleinen Hügel und stoßen bald auf den Hinweg. Auf bekanntem Weg geht es über Herzberg zurück nach Lindenberg.

34 Beeskow - Spree - Tiefensee - Kohlsdorf - Beeskow

Verkehrsmöglichkeiten Nahverkehrszug Königs Wusterhausen-Grunow.
Parkmöglichkeiten An der Poststraße im nördlichen Teil von Beeskow oder am Spreeufer. Im Zentrum von Beeskow bestehen kaum Parkmöglichkeiten.
Wegmarkierung Ab Irrgarten bis zum Tiefen See grüner Balken.
Tourenlänge Etwa 17,6 km.
Wanderzeit 4 Stunden.
Höhenunterschiede Keine nennenswerten.
Wanderkarte 1 : 25 000 Umgebungskarte Beeskow, Kartographischer Dienst Potsdam. 1 : 200 000 Generalkarte Blatt 33.
Wissenswertes Beeskow ging aus einer kleinen, seit der 1. Hälfte des 13. Jh. an dem wichtigen Spreeübergang der Handelsstraße Leipzig-Frankfurt/Oder liegenden Marktsiedlung hervor.

- Die weitgehend aus dem 14. und 15. Jh. stammende, gut erhaltene Stadtmauer mit den sechs Türmen (ehemals neun), lohnt einen Besuch. Von den Türmen sind besonders der Pulverturm, der Münzturm, der Dicke Turm und der Storchenturm erwähnenswert. Auch die ehemalige Burg (Heimatmuseum) mit ihrem mächtigen quadratischen Bergfried (Aussichtsturm) sollte bei einem Stadtrundgang nicht vergessen werden. - Die beachtliche, wenn auch 1945 stark zerstörte Pfarrkirche St. Marien war mit eine der bedeutendsten Backstein-Hallenkirchen der Mark. - Fontane-Anhänger finden hinter dem alten Fachwerkbau des ehemaligen Hospitals das gepflegte Grab des Stadtkämmerers *P. B. Rounet*, des Großvaters von Fontanes Ehefrau Emilie.

Anmerkungen Bis zum Tiefensee lädt ein dichtes Netz von Bänken zur Rast ein.

Zu Tour 33 **Schutzhütte am Diensdorfer Weg** (Foto: Manfred Feller)

Tourenbeschreibung Ausgangspunkt unserer Wanderung ist der *Marktplatz* von Beeskow. Es geht zunächst in die südliche Richtung vorbei an dem Dicken Turm, dem alten Schützenhaus, dem Hospital und dem Grab P. B. Rounets bis zum Park, dem sogenannten *Irrgarten*. An dieser Stelle beginnt der mit einem grünen Strich markierte Wanderweg, der uns zunächst parallel zur Hauptstraße durch einen Park mit seltenen Efeu umrankten Bäumen führt. Am Parkende wenden wir uns nach rechts und schreiten auf der Hauptstraße nach links bis zum *Sportzentrum* (1,7 km). An der Gabelung der B 87/246 geht es dann entlang dem parallel zur B 87 verlaufenden und nach Trebatsch führen-

den Wanderweg. Bald (2,5 km) ladet ein stilles an der Spree gelegenes Plätzchen zur Rast ein.

Am *Schülerfreizeittreff* halten wir uns rechts und biegen dann gleich links in den schmalen, uns zur Landstraße (3,2 km) führenden Waldpfad ein. Auf ihm müssen wir 200 m in die linke Richtung schreiten, bis unser markierter Wanderweg wieder links abzweigt. Etwas später dürfen wir nicht den geradeaus zeigenden Hinweisen folgen, sondern müssen den linken, grün markierten Weg einschlagen. Immer am Waldessaum entlang, kommen wir bald zur *Spree* (4,2 km). Wir bleiben nun weiter am Spreeufer bis zu einem Hallenkomplex der Wasserwirtschaft, wandern auf dem jetzt etwas schlecht markierten Wanderweg zwischen der Spree und dem umzäunten Gelände, entfernen uns später immer mehr von der Spree und stoßen bald auf die *Landstraße* (5,9 km).

Diese Stelle ist für den Rückweg zu merken. Ohne die Landstraße zu berühren, benutzen wir den linken sich im Wald fortsetzenden Weg. Es geht dann auf schattigen Weg entlang bis zu einem *Eisentor* (6,4 km) einer umzäunten Weidefläche. Hier wendet sich der Weg nach rechts und führt uns erneut zur Landstraße. Auf ihr wandern wir ca. 300 m, bis sich die Landstraße bei einer stämmigen Eiche, kurz vor der Gaststätte »Zur Erholung« leicht nach rechts wendet. An dieser Stelle entfernen wir uns von der Straße und wandern links in die südöstliche Richtung bis zur *Spree* (7,6 km), die an dieser Stelle sehr breit und mit einem weiten Schilfgürtel umsäumt ist.

Von dort geht es an der Spree auf den immer schmaleren Weg nach rechts. Reste von Schützengräben erinnern an den in den Apriltagen 1945 besonders an dieser Stelle hart umkämpften Spreeübergang. Wenig später sind wir am *Tiefen See.* Auf dem markierten schmalen Weg wird - vorbei an einer Badestelle - nach 8,7 Kilometern der südlichste Punkt des Sees erreicht. An dieser Stelle, wo sich auch ein *Wegweiser* befindet, verlassen wir den markierten Weg und benutzen den nach rechts abzweigenden schmalen Anglerpfad, bis wir nach kaum 100 Metern auf ein Sumpfgelände stoßen. 50 Meter weiter nach links läßt sich das etwas morastige Gebiet annehmbar überqueren. Auf dem nach 10 Metern erreichten breiten Fußweg, schreiten wir nach rechts in Richtung zum Tiefen See.

Von der Badestelle wandern wir nach Nordwesten, schwenken dann rechts in die Landstraße ein, verlassen sie hinter der Gaststätte »Zur Erholung« nach rechts und folgen dort dem schon für den Hinweg benutzten grün markierten Wanderweg, bis sich der Weg kurz vor der Landstraße (11,5 km) nach rechts wendet. An dieser, uns durch den Hinweg bekannten Stelle, biegen wir vom markierten Weg ab, überqueren die *B 87* und wandern in nördlicher Richtung am eingezäunten Gelände der Bundeswehr entlang nach *Kohlsdorf* und wenig später zur Landstraße Beeskow-Kohlsdorf (13,1 km).

Empfehlenswert ist hier ein Abstecher (1,7 km hin und zurück) zu der links am Ortsausgang gelegenen Kohlsdorfer Bockwindmühle. - Auf der Landstraße geht es nun in Richtung Beeskow bis zum *Kilometerstein »1«*, dort schwenken wir links in den Wald ein und gelangen zum alten *Jüdischen Friedhof* mit einigen mit jüdischen Symbolen versehenen Grabsteinen.

Wir halten uns jetzt etwas nach rechts und folgen dem immer mehr in die nördliche Richtung führenden Weg. Bald werden die ersten Häuser der bereits zu Beeskow gehörenden *Kolonie Vorheide* (14,8 km) und wenig später auch die B 246 erreicht. Hier biegen wir rechts ein, schreiten bis zu der Gabelung der B 246 und B 87 (15,9 km) und wandern auf bekanntem Wege zu unseren Ausgangspunkt zurück.

35 Müllrose - Müllroser See - Belenzsee - Ragower Mühler - Kupferhammer - Müllrose

Verkehrsmöglichkeiten Nahverkehrszug Frankfurt/O-Grunow-Cottbus.
Parkmöglichkeiten Am Bahnhof Müllrose.
Wegmarkierung Bis Kupferhammer blauer Balken; Rückweg anfangs ohne, dann blauer Balken, ab Bahnübergang gelber Punkt bis Müllrose.
Tourenlänge Etwa 22 Kilometer, prinzipiell läßt sich die Wanderung auch am Kupferhammer abbrechen. Von dort gelangt man nach 3,3 Kilometer zum Bahnhof Mixdorf. Wird die Wanderung in Mixdorf begonnen, sind es 15,2 Kilometer bis Müllrose.
Wanderzeit 5 Stunden, bei Abbruch 3 bzw. bei Beginn in Mixdorf $3^1/_2$ Stunden.
Höhenunterschiede Etwa 30 Meter An- und Abstieg.
Wanderkarte »Wanderungen durch die Mark - Das Schlaubetal«, Kreisverwaltung Eisenhüttenstadt.
Wissenswertes *Müllrose* liegt an der Mündung der Schlaube in den Oder-Spree-Kanal. - Sehenswert ist die auf einen mittelalterlichen Vorgängerbau um 1746 errichtete schlichte barocke Pfarrkirche, die 1875 einen Turm erhielt und das historisch wertvolle *zweigeschossige Wohnhaus* von 1774 mit Mittelrisalit und Knüppelwalmdach in der Karl-Marx-Str. 18.
Tourenbeschreibung Startpunkt der Wanderung ist der *Müllroser Bahnhof.* Wir wenden uns nach links in die südliche Richtung und halten uns dann links von der Bahn. Bald zeigt sich rechts der *Katharienen See* und gleich darauf auch die Bundesstraße. Wir gehen dort 30 Meter nach links und biegen rechts in den Weg zum Kupferhammer ein (blauer Balken), der uns zunächst zum *Müllroser See* bringt. Durch gepflegte Anlagen vorbei an der Badestelle und einen Fließ, kommen wir durch ein Gebiet mit stillen Rastplätzen. Etwa am Ende des Sees (3,5 km) stoßen wir

Zu Tour 34, 41 **An der Beeskower Stadtmauer** (Foto: Manfred Feller)

auf einen breiteren Weg. Diesem nach links folgend, treffen wir wenig später auf die vom rechts gelegenen ehemaligen *Seeschlößchen* kommende Straße. Hier schwenken wir links ein und setzen unsere Wanderung entlang des *Ziegen Lauchs* fort. Der Wald öffnet sich bald und gibt weite Blicke frei. Nach Passieren der Eisenbahn am *unbeschrankten (!) Übergang* (4,1 km) geht es in der angezeigten Richtung zur Ragower Mühle und zum Kupferhammer weiter. - Die blaue Markierung wird hier stellenweise durch einen gelben Punkt ergänzt. - Auf der Betonstraße wenden wir uns nach links, wandern in die nördliche Richtung und verlassen nach etwa 200 Meter die Straße nach rechts.

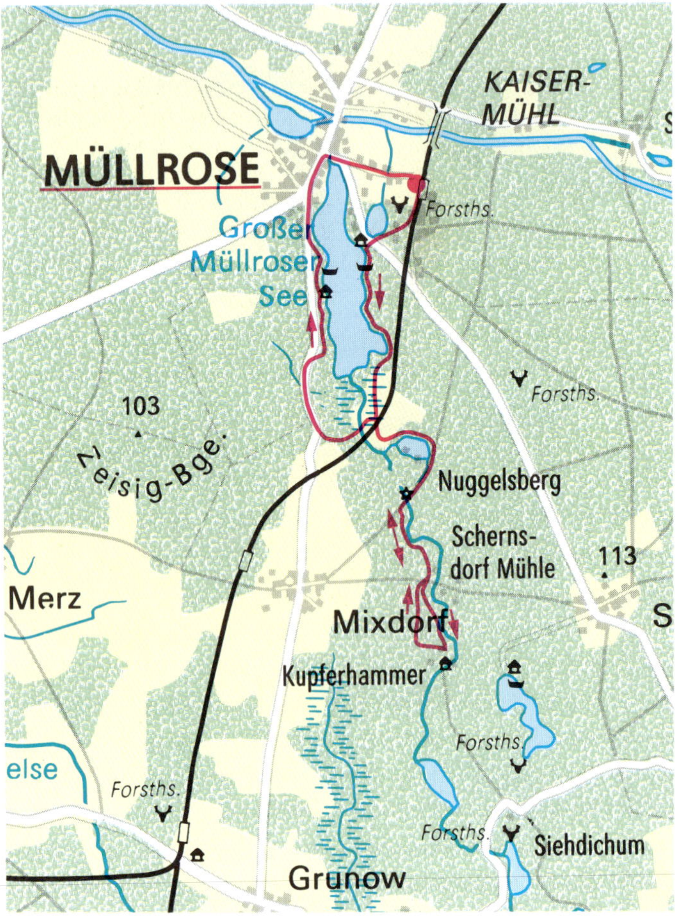

Der im Tal verlaufende Wanderweg bringt uns zu einer kleinen Raststelle am verschilften *Belenzsee* (5,6 km). Auf dem am Ende des Sees sich nach rechts wendenden Weg erreichen wir schnell die Waldwiese *Teufelsluch* (6,4 km) und nur kurze Zeit später auch die *Ragower Mühle* (6,7 km). An der denkmalgeschützten Mühle überqueren wir die Schlaube, biegen dort links in den Waldweg ein und setzen die Wanderung vorbei an schluchtenähnliche Trockentäler, Wacholdersträucher und Erlenbruchwälder am *rechten Schlaubeufer* fort. Nach 7,9 Kilometer stoßen wir bei einer Bank auf einen Querweg. Diesem mit einem roten Andreaskreuz markierten Weg folgen wir nach links und biegen etwas später in den rechts abzweigenden Wanderweg ein. Er hält sich nun immer an der rechten Uferseite bis zur gepflasterten Waldstraße, die von Mixdorf kommt. Hier sind es nur noch wenige Schritte bis zum idyllisch gelegenen *Kupferhammer* (10,1 km). An dieser Stelle läßt sich die Wanderung abbrechen bzw. beginnen. Es sind dann noch 3,3 Kilometer auf der Waldstraße bis zum Bahnhof Mixdorf zu bewältigen.

Antonius Ott gründete 1553 den Kupferhammer. In ihm produzierte man bis 1734 aus Kupferbarren Kupferbleche, zeitweilig aber auch aus Raseneisenerz Eisen. Im 19. Jh. wurde er zu einer Tuchmanufaktur und um 1870 zu einer Gaststätte umgebaut. Vom Kupferhammer gehen wir zur Waldstraße zurück, wenden uns dort nach links und folgen ihr etwa 600 Meter bis zum Gipfel und biegen dann rechts in den kreuzenden, breiten Waldweg ein. Ohne die rechts oder links abzweigenden Wege zu beachten, geht es immer geradeaus weiter. Nach einer Hochspannungsleitung nähert sich der leicht abfallende Weg dem *Schlaubetal.* Bald stoßen wir auf unseren blau markierten *Hinweg* (11,6 km), den wir in nördlicher Richtung bis zu dem *Bahnübergang* (15,2 km) folgen und dort die Gleise überqueren. Der nach links führende, mit einem gelben Punkt markierte Wanderweg verläuft zunächst rechts vom Bahndamm, überquert dann die *Schlaube*, berührt das *NSG Löschwiesen* und biegt rechts in den Wald ein. Etwas später stoßen wir auf die Landstraße (16,8 km), auf der wir etwa 400 Meter nach Norden wandern und vorbei an alten Eichen, in den auf der rechten Seite abzweigenden, markierten Waldweg einbiegen.

Dieser führt uns zum *Müllroser See* und seinem von Birken begrenzten Westufer, wo sich bald im Hintergrund Müllrose zeigt. Der Uferweg endet schließlich auf der Landstraße. Wir biegen dort in die *Beeskower Straße* ein, erreichen dann schnell den *Markt* (20 km) und wandern am See vorbei nach Osten bis zum Ziel unserer Wanderung, dem Bahnhof von Müllrose.

36 Mixdorf - Kupferhammer - Schinkensee - Oberförsterei Siehdichum - Scherwenzsee - Kupferhammer - Mixdorf

Verkehrsmöglichkeiten Siehe Route 35.
Parkmöglichkeiten In unmittelbarer Nähe des Kupferhammers.
Wegmarkierung Bis zum Friedhof ohne, dann bis zur Nordspitze des Schwerwenzsees gelber Balken, bis zur Schernsdorfer Chaussee ohne, dann wieder gelber Balken.
Tourenlänge etwa 9 km ab/bis Parkplatz Kupferhammer plus jeweils 3,3 km bis Bahnhof Mixdorf.
Wanderzeit 2¼ bzw. 3¾ Stunden.
Höhenunterschiede Etwa 150 Meter An- und Abstieg.
Wanderkarte »Wanderungen durch die Mark - Das Schlaubetal«, Kreisverwaltung Eisenhüttenstadt. 1 : 200 000 Generalkarte Blatt 33.
Wissenswertes Kupferhammer siehe Route 35.
Anmerkungen Zwischen Schulzenwasser und Langer See ist mit einem etwas feuchten Weg zu rechnen. - Die Wanderung läßt sich mühelos sowohl vom Bahnhof Mixdorf als auch vom Parkplatz Kupferhammer durchführen.
Tourenbeschreibung Nach Verlassen des *Mixdorfer Bahnhofes* passieren wir den Bahnübergang, wandern auf der Landstraße in östliche Richtung bis nach Mixdorf, das einen gepflegten Eindruck hinterläßt. Wir halten uns links von der kleinen *Dorfkirche*

Zu Tour 36 **Wanderweg im Schlaubetal** (Foto: Manfred Feller)

von 1719/20, die noch mit einem beachtenswerten Fachwerkturm versehen ist, kreuzen die Müllroser Straße und schreiten bis zum Dorfende weiter geradeaus. Hier biegen wir rechts, dann links in die zum Kupferhammer führende asphaltierte Straße ein. - Die falsche Wegweiserangabe »Kupferhammer 5 Kilometer« (richtig 2,2) sollte nicht beachtet werden. - Wir folgen nun der durch schattenspendenden Wald führende Straße bis zum *Parkplatz* (3,3 km), dem eigentlichen Startpunkt unserer Wanderung.

Der hier mit einem blauen Balken markierte, bergab führende Wanderweg bringt uns nach wenigen Schritten zum *Kupferhammer* (siehe Route 35), der mitten im tief eingeschnittenen Schlaubetal liegt. Wir wandern an ihm vorbei, ohne den kurze Zeit später zum jenseitigen Ufer führenden Wanderweg zu beachten, und halten uns weiter am rechten Schlaubeufer. Alsbald bietet sich ein lohnenswerter Blick, wenn die träge dahinfließende Schlaube zum *Schulzenwasser* wird. Wir folgen jetzt der wieder schmalen Schlaube, schlagen bei der nächsten Wegegabelung vor einem Fichtenwald den linken Weg ein und wandern bis zu einem Rastplatz an der Nordwestspitze des *Langen Sees*, der eine Aussicht über den völlig von Wald umsäumten See bietet. Nun über einen *Knüppeldamm*, zunächst weiter in Schlaubenähe, vorbei an Wacholderbäumen erreichen wir wenig später den

Ausläufer des *Großen Schinkensees* (2,2 km), bald auch auf dem sich vorübergehend von der Schlaube entfernenden Wanderweg durch Hochwald das Westufer des Großen Schinkensees (3,6 km) und unmittelbar danach eine breite Waldstraße. In diese links einschwenkend, wird nach wenigen Schritten die *Schlaubebrücke* erreicht, die unmittelbar unter der Oberförsterei Siehdichum (siehe Route 37) liegt.

Es geht nun über die Brücke im ehemaligen Stiftsgebiet des Neuzeller Klosters bergan bis zur Kreuzung. Hier empfielt sich ein kleiner Abstecher zum rechts gelegenen Gasthof und *Oberförsterei Siehdichum*. An der Kreuzung wählen wir den linken Weg und wandern am *Gedenkstein* für die gefallenen Förster und links am *Waldfriedhof* vorbei. Der mit einem gelben Balken markierte breite Wanderweg führt 400 Meter in nordöstliche Richtung. Dort dürfen wir den links abgehenden unscheinbaren Weg nicht verpassen, der durch ein versteckt am Lebensbaum angebrachten Hinweis ausgewiesen wird. Auf diesem Waldweg, entlang sehenswerter Lebensbäume, gelangen wir zur Südspitze des *Scherwenzsees* auch Schernsdorfer See genannt.

Der See liegt in einer in sich geschlossenen Vertiefung und besitzt weder einen Zufluß noch einen Abfluß. Er ist der beliebteste See der Umgebung und erreicht eine Tiefe von 8 Metern, eine Wasserspiegelhöhe von 56,5 Metern und eine Ausdehnung von 19,6 ha. Bereits um 1316 fand er in der Urkunde über den Erwerb der Region Schiedlo und der Stadt Fürstenberg durch Kloster Neuzelle seine Erwähnung. – An dieser Stelle verlassen wir den markierten Wanderweg und biegen in den linken Weg ein, der uns alsbald zu einer am Westufer gelegenen *Schutzhütte* (6,2 km) mit einem bewundernswerten Blick über den See bringt. Oft lassen sich an dieser Stelle Haubentaucher, aber auch Graureiher beobachten. Der Uferweg führt uns schließlich nach einer Bootsausleihstation zu der *Campingsiedlung* (7,6 km) und wenig später zu einer asphaltierten Straße. Dieser folgen wir nach links, biegen später nochmals links in die Schernsdorfer Landstraße ein, gelangen bequem bergab zur *Kupferhammerbrücke* und wenig später hinter der Schlaube zum Parkplatz am Kupferhammer, dem Ziel unserer Wanderung.

37 Bremsdorf - Urwald Fünfeichen - Oberförsterei Siehdichum - Großer Treppelsee - Bremsdorf

Verkehrsmöglichkeiten Bus Beewkow-Eisenhüttenstadt.
Parkmöglichkeiten An der Hauptstraße inmitten des Ortes.
Wegmarkierung Bis hinter dem Urwald Fünfeichen ohne, dann gelber Punkt bis zum Waldfriedhof, weiter gelber Balken bis zum Kleinen Hammersee, dann wieder ohne.
Tourenlänge Etwa 16,5 km.
Wanderzeit 3¾ Stunden.
Höhenunterschiede Etwa 120 Meter An- und Abstieg.
Wanderkarte »Wanderungen durch die Mark - Das Schlaubetal«, Kreisverwaltung Eisenhüttenstadt. 1 : 200 000 Generalkarte Blatt 33.
Wissenswertes Bereits 1746 errichtete der Neuzeller Abt Gabriel Dubau auf einer Anhöhe nördlich des Hammersees ein Jagdhaus, für das seit 1780 der Name *Siehdichum* verbürgt ist. Um 1908 erbaute man auf diesem Gelände das prachtvolle Fachwerkhaus der Oberförsterei Stiftsheide (Siehdichum). Die 1954 enteignete und 1964 zu einem Gästehaus der Regierung umfunktionierte Oberförsterei wird heute als Hotel genutzt. Beachtenswert ist der die Oberförsterei umgebende Waldbestand, mitunter auch als *Park Siehdichum* bezeichnet, mit seinen außergewöhnlich hohen Lebensbäumen. - Der beeindruckende

Zu Tour 36, 37 **Forsthaus Siehdichum** (Foto: Manfred Feller)

Urwald Fünfeichen zählt als geschlossener Eichenbestand mit zu den ältesten der Mark Brandenburg und wird seit Anfang des Jahrhunderts als Naturdenkmal (1961 unter Naturschutz) erhalten. In einem Dreieck von etwa 200 Meter Seitenlänge stehen hier 40 prachtvolle Eichen. Im Schnitt sind sie 320 Jahre alt, 27 Meter hoch, besitzen einen Durchmesser von 80 Zentimetern und erzielten bei Holzauktionen Höchstpreise.

Tourenbeschreibung Wir beginnen die Wanderung in *Bremsdorf* am Parkplatz bzw. an der Bushaltestelle. Hier wenden wir uns nach Westen und schwenken an der Gaststätte zur Linde rechts in die Dorfstraße ein. Bei dem *Kriegerdenkmal* geht es nach rechts, dann links vorbei am Friedhof auf dem Wanderweg weiter der mit einem sonst kaum noch anzutreffenden Holzpflaster versehen ist. Das mit prachtvollen Wacholder durchsetzte Gebiet gleicht hier der Lüneburger Heide. Der Weg stößt in Nähe der *Oberförsterei Fünfeichen* (3,9 km) auf die 1978 asphaltierte, von Fünfeichen nach Schernsdorf führende Landstraße. Auf diesem sogenannten Brautweg gingen früher die Schernsdorfer zur Kirche nach Fünfeichen. Wir biegen in die Landstraße links ein, wandern geradeaus, ohne die links abgehenden verwachsenen Wege zu beachten, bis zur leichten Rechtskurve

Zu Tour 39 **Rastplatz im Schlaubetal** (Foto: Manfred Feller)

weiter und verlassen sie dort auf dem links abzweigenden Waldweg, der noch ein kurzes Stück asphaltiert ist. Er führt uns nach etwa 200 Metern an dem interessanten - allerdings für den Zutritt verbotenen - *Urwald Fünfeichen* vorbei, passiert später einen breiten Querweg (6,3 km), fällt dann ab und mündet endlich in einen von links kommenden Weg. Ihm folgen wir nach rechts, bis er auf einem mit Feldsteinen gepflasterten Waldweg (7,5 km) endet. Hier benutzen wir den rechten mit einem gelben Punkt bezeichneten Weg und kommen zu einem kleinen *Waldfriedhof*, dessen nähere Betrachtung sich lohnt.

Empfehlenswert ist hier ein Abstecher zu dem nahegelegenen Gasthof *Forsthaus Siehdichum* und zur Oberförsterei Siehdichum. Bei dem Waldfriedhof setzen wir die Wanderung auf dem gegenüber dem Gedenkstein für die gefallenen Förster bergab führenden, mit einem gelben Balken markierten Wanderweg fort. Unser Weg verläuft dann am östlichen Ufer des im Tal gelegenen und von der Schlaube durchflossenen *Hammersees.* Auf einer der am Ufer stehenden Bänke sollten wir uns eine Ruhepause gönnen und den schönen Blick genießen. In der Nähe einer über die Schlaube führenden Brücke treffen wir auf eine Wegspinne (11,2 km), hier wandern wir, ohne die Schlaube zu passieren, weiterhin der gelben Markierung folgend, geradeaus bis zu dem *Großen Treppelsee* weiter, er ist mit einer Wassertiefe von 8 m und einer Fläche von 77 ha der zweitgrößte See des Schlaubetales. Der reizvolle Uferweg führt uns alsbald zu einer Schutzhütte, dann nach rechts zwischen dem Hauptsee und einem Nebensee vorbei zu dem Kleinen Treppelsee oder *Stillen Treppelsee* wie er noch bezeichnet wird. Der den nun dem Südufer folgende Weg leitet uns vorbei an einem kleinen Teich zu einer am idyllischen Platz stehenden Schutzhütte. Auf dem gepflasterten Weg, in unmittelbarer Nähe des *Planfließes*, gelangen wir bergan zur B 246 (14,9 km) und links, bald nach Bremsdorf, zum Ziel der Wanderung.

38 Bremsdorfer Mühle - Kleiner Treppelsee - Ziskennsee - Kieselwitzer Mühle - Bremsdorfer Mühle

Verkehrsmöglichkeiten Bus Beeskow–Eisenhüttenstadt.
Parkmöglichkeiten An der B 246, 100 Meter östlich der Einfahrt zur Bremsdorfer Mühle.
Wegmarkierung Bis Kieselwitzer Weg ohne, bis Kieselwitzer Mühle roter Balken, von dort bis zur Bremsdorfer Mühle blauer Balken.
Tourenlänge Etwa 9,8 km.
Wanderzeit 2 1/2 Stunden.
Höhenunterschiede Etwa 250 Meter An- und Abstiege.
Wanderkarte »Wanderungen durch die Mark - Das Schlaubetal«, Kreisverwaltung Eisenhüttenstadt. 1 : 200 000 Generalkarte Blatt 33.
Wissenswertes Die das Zentrum dieser Wanderung bildende *Bremsdorfer Mühle* arbeitete noch bis in die 50er Jahre. Neben dem Mahlbetrieb betrieb man seit Anfang des Jahrhunderts eine Sommerfrische mit 16 Zimmern und 45 Betten. Auch heute dreht sich noch an dem prachtvollen Fachwerkbau das Wasserrad als Zeuge der Vergangenheit.
Anmerkungen Die schattige Rundwanderung führt durch das ehemalige Staatsjagdgebiet des mittleren Schlaubetales.
Tourenbeschreibung Von der *Bushaltestelle* bzw. dem Parkplatz wenden wir uns auf der Landstraße nach Westen, biegen nach wenigen Schritten links in den Weg zur *Bremsdorfer Mühle* ein, überqueren noch vor der Mühle die Schlaube, schwenken dann rechts in den breiten Weg ein, wandern ein kurzes Stück geradeaus und schreiten dann nach links zum *Kleinen Treppelsee.* Der Wanderweg hält sich jetzt am Ostufer des Sees, biegt später am südlichen Ende des Sees, wo sich rechts eine *kleine Brücke* (600 m) befindet, links ab und folgt der mit Feldsteinen gepflasterten, bergan führenden Waldstraße. Nach weiteren 400 Me-

tern stößt der Weg oberhalb des Schlaubetales auf einen Querweg. Wir biegen in diesen rechts ein, steigen geradeaus weiter bergan, wenden uns bei einer Rechtsbiegung nach Südwesten und folgen dem an Eichen, später auch an Lärchenwald vorbeilaufenden Höhenweg, ohne abzweigende Wege zu beachten, bis zu einem Querweg. Hier links einbiegend, führt er uns auf der Höhe nach Südwesten bis zu der links etwas abseits liegenden *Försterei Jakobsee* (2,2 km), die gegen 1844 in der Nähe des namensgleichen, etwas verlandeten Waldsees errichtet wurde.

Vorbei an der Försterei bringt uns der Weg auf die breite, etwas eintönige *Jakobseer Waldstraße.* Links einschwenkend, gelangen wir nach geraumer Zeit zu einer *Schutzhütte* (4,4 km). Wir folgen dem roten markierten Querweg weiter, der nach links in Richtung Kieselwitzer Mühle führt. Der bequeme Weg fällt mit kurzzeitigen Anstiegen zum Schlaubetal ab. Alsbald taucht rechter Hand der etwa 5 Meter tiefe, typische Moorweiher *Ziskennsee* (5,2 km) und seinem in nördlicher Richtung liegenden kleinen Hochmoor auf. Der nun kontinuierlich fallende Weg leitet uns in kurzer Zeit zur ehemaligen *Kieselwitzer Mühle*, einer bereits seit 1420 dem Kloster Neuzelle verpflichteten und bis in die dreißiger Jahre dieses Jahrhunderts bestehenden oberschlächtigen Wassermühle.

Hier bietet sich ein überraschend schöner Blick über die anmutige Landschaft. Sie wird nur untebrochen von eingebetteten, seit Anfang des Jahrhunderts der berühmten Forellenzucht dienenden Teichen. Ohne die Schlaube zu überqueren, benutzen wir den blau markierten, am westlichen Ufer verlaufenden Wanderweg, ohne dabei den nach 500 Metern bei schönem Lärchenwald links abzweigenden, markierten schmalen Pfad zu verpassen. Der davon später rechts abbiegende Weg führt uns durch ein mittelgebirgsähnliches Gebiet zur Talsohle. Bald schimmert auch die *Schlaube* durch die Bäume, aber noch 100 Meter davor biegen wir links in den markierten, aber leicht zu übersehenden Hohlweg ein und folgen dem *linken Schlaubeufer* in die nördliche Richtung. Wir wandern nun ständig bergauf und bergab bis zu einem Querweg (8,4 km), biegen in diesen rechts ein und wandern entlang den *Schlaube-Steilhängen* auf dem schmaler werdenden Pfad bis zur Bremsdorfer Mühle, dem Endpunkt unserer Wanderung.

39 Schlaubemühle - Hügelgrab - Kieselwitz - Kieselwitzer Mühle - Schlaubemühle

Verkehrsmöglichkeiten Bus Beeskow-Eisenhüttenstadt über Friedland bis zur Schlaubemühle.
Parkmöglichkeiten An der zum Waldsee Hotel »Wirchensee« führenden Waldstraße.
Wegmarkierung Bis Kieselwitz ohne, bis zur Kieselwitzer Mühle roter Balken, von dort bis Schlaubemühle blauer Balken.
Tourenlänge Etwa 9 km, bei anschließender Umrundung des Wirchensees etwa 13 km.
Wanderzeit 2 1/4 bzw. 3 1/4 Stunden.
Höhenunterschiede Etwa 120 Meter An- und Abstieg.
Wanderkarte »Wanderungen durch die Mark - Das Schlaubetal«, Kreisverwaltung Eisenhüttenstadt. 1 : 200 000 Generalkarte Blatt 33.
Wissenswertes Anfänglich trieb die Schlaube auf dem Weg vom Quellgebiet am Wirchensee bis zum Schlaubehammer am Unterlauf eine Reihe von Mühlen und Hammerwerke an. Als eine der ersten Mühlen entstand noch vor 1420, wahrscheinlich zeitgleich mit der Kieselwitzer Mühle, die im Dreißigjährigen Krieg wüst gewordene Schlaubemühle.
Anmerkungen Der größte Teil der schattigen Rundwanderung verläuft in einem relativ wenig bekannten, aber vielleicht mit dem schönsten Teil des Schlaubetals.

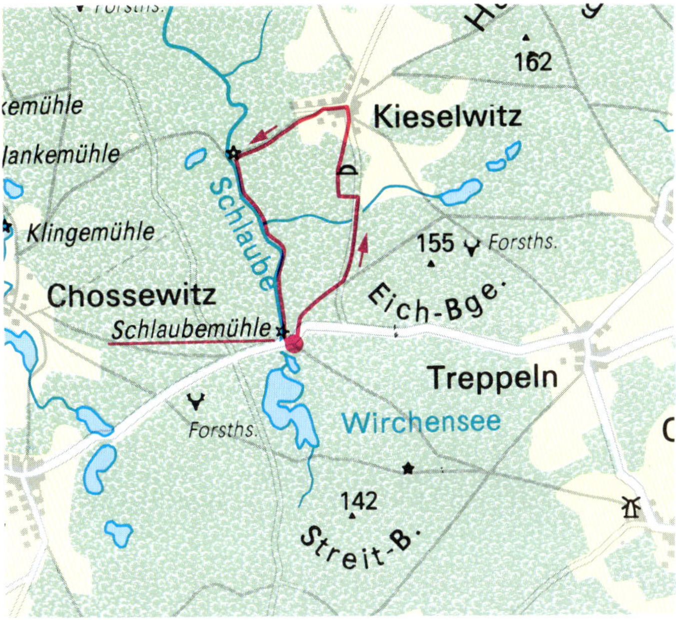

Tourenbeschreibung Der Startpunkt unserer Wanderung ist der Parkplatz *Wirchensee* oder die in der Nähe befindliche Bushaltestelle »Schlaubemühle«. Wir schreiten danach auf der nach Treppeln führenden asphaltierten Straße 50 Meter nach Osten, biegen links in den schmalen Weg ein und gelangen später auf den breiten Weg durch dichten Wald fast geradlinig auf die wenig befahrene asphaltierte *Kieselwitzer Chaussee* (1,1 km). Hier schwenken wir links ein und folgen dieser typisch märkischen Waldstraße durch Wald, später entlang einer Weidelandschaft in die östliche Richtung. Die linke Seite bleibt den Gallowys, einer kleinwüchsigen, zottigen, schottischen Rinderrasse vorbehalten. Kurze Zeit später dürfen wir den links abzweigenden, *»Zum Hünengrab«* gekennzeichneten Weg (2,4 km) nicht verpassen. Der Weg geht zunächst geradeaus bis zur elektrischen Überlandleitung, dann nach rechts und 50 Meter weiter nochmals rechts direkt zu dem *Hügelgrab*. - Von den 1894 angeführten 9 bronzezeitlichen Hügelgräbern ist allerdings nur noch eins erhalten. Rätselhaft ist das Fehlen der sonst üblichen Leichenasche. - Nun zurück zum Hauptweg, dann entlang der *elektrischen Leitung* in annähernd nördliche Richtung, bringt uns der Weg wieder auf die *Kieselwitzer Chaussee* (3,3 km). Wir wählen hier die linke

Seite und wandern auf die Häuser der nicht ganz 300 Einwohner zählenden, einen angenehmen Eindruck hinterlassenden Gemeinde *Kieselwitz* zu.

In Ortsmitte führt uns die nach links abgehende, mit einem roten Balken markierte asphaltierte Hauptstraße immer bergab durch schattigen Wald bis zur *Kieselwitzer Mühle* (5,4 km). Da unser Weg - nun blau markiert - bereits vor der Mühle links abzweigt, lohnt sich ein kleiner Abstecher zum Mühlenwehr, wo uns eine reizvolle Aussicht überrascht. Wir folgen dann dem *linken Schlaubeufer* in die südliche Richtung, passieren einige muntere, von den Bergen kommende Bäche, später auch das breite *Klautzke-Fließ*, das aus der etwa 50 Meter über der Schlaube liegenden Gegend um Kobbeln kommt und gelangen, vorbei an den für die Fischaufzucht genutzten Teichen zu einer weiteren Weide für die Gallowy Zucht. Der einmal im Tal, dann wieder am Berghang weit über der Schlaube durch eine stille Natur verlaufende Wanderweg bringt uns zu einer Schutzhütte (8,7 km). Wenig später kommen wir zur ehemaligen *Schlaubemühle* und nach wenigen Schritten auch zum Ziel der Wanderung. Hier kann dann eine Umwanderung des *Wirchensees* (etwa 4 km) in Betracht gezogen werden.

40 Neuzelle - Fasanenwald - (Wenzelsburg -) Neuzelle

Verkehrsmöglichkeiten Nahverkehrszug Cottbus-Frankfurt/O.
Parkmöglichkeiten Am Kloster.
Wegmarkierung Keine.
Tourenlänge Etwa 6 km.
Wanderzeit 1½ Stunden.
Höhenunterschiede Keine nenneswerten.
Wanderkarte Wanderkarte Schlaubetal, herausgegeben von der Kreisverwaltung Eisenhüttenstadt. 1 : 200 000 Generalkarte Blatt 33.
Wissenswertes Berühmt ist Neuzelle vor allem durch sein Kleinod, die schönste östlich der Elbe auf deutschen Gebiet stehende Barockkirche. - Die Entwicklung der zwischen Oder, Neiße und Schlaube liegenden Region wurde über einen weiten Zeitraum durch die 1268 vom wettinischen Markgrafen Heinrich dem Erlauchten im Gedächtnis an seine verstorbene Gemahlin Agnes vorgenommene Gründung des Zisterzienserklosters Neuzelle bestimmt. Von dem unter großem Aufwand errichteten,

1429 von den Hussiten bis auf die Kirche zerstörten und später wieder aufgebauten Kloster ist besonders die im 17. und 18. Jh. barock umgestaltete Klosterkirche St. Marien eindrucksvoll. Von der reichen, fast überladenen, aber als Ganzes doch harmonischen Innenausstattung sind besonders die prunkvollen Altäre erwähnenswert. - Von den übrigen Klostergebäuden lohnen einer Betrachtung: die ehemalige - 1892 teilweise ausgebrannte und 1897 wieder hergerichtete - Klausur, das Amthaus, der

Zu Tour 40 **Aussicht Sonneberg bei Neuzelle** (Foto: Manfred Feller)

Fürstenflügel und das eindrucksvolle Portal von 1763. - Auch die außerhalb des Klosterbereichs stehende evangelische Pfarrkirche zum »Heiligen Kreuz« sollte in den Rundgang mit eingeschlossen werden. Ihre heutige Form erhielt sie im wesentlichen bei einem um 1850 wohl unter Mitwirkung von Friedrich August Stüler vorgenommenen Umbau. - Vom ehemals berühmten Barockgarten sind leider keine originalen Teile mehr vorhanden.

Anmerkungen Die relativ kurze Wanderung sollte mit einer Besichtigung der Klosterkirche und der evangelischen Pfarrkirche verbunden werden. - Wegen der sonst durch die Belaubung verdeckten Aussichten bietet sich eine Frühjahrswanderung an.

Tourenbeschreibung Wir verlassen den ehemaligen Klosterbereich durch die *Südostpforte*, wandern an der *Pfarrkirche zum Heiligen Kreuz* vorbei zur asphaltierten Straße, dort nach links und gleich wieder rechts, bald am Bad vorbei, bis zu dem rechts gelegenen *Fasanenwald*. Der etwa 35 Meter ansteigende Fasanenwald ist von einigen Schluchten durchzogen und nach dem

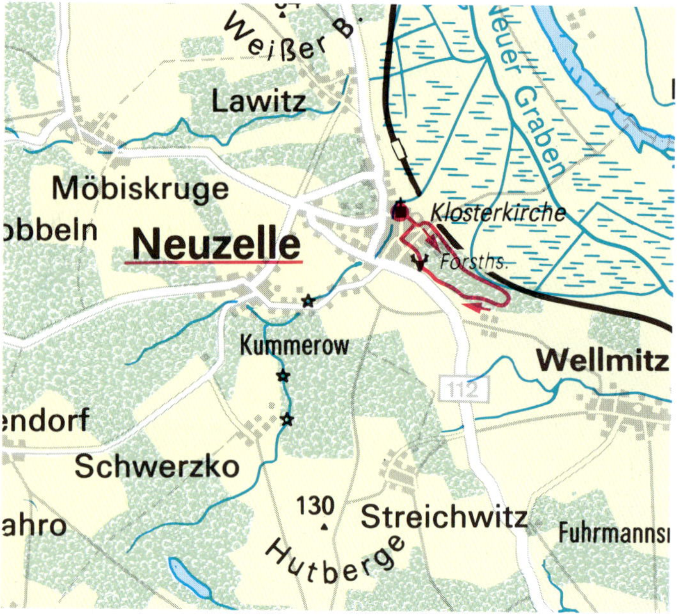

Klosterfasanenwald benannt. Er besitzt auf Grund seiner diluvialen Lehmschicht eine üppige Vegetation. Traubeneichen, Hainbuchen und starkes Unterholz prägen das noch vor 80 Jahren unbewaldete Gebiet.

In seinem weiteren Verlauf wendet sich der Hauptweg bei einem Bahnübergang (1,3 km) nach rechts. Hier schlagen wir den geradeaus zur *Aussicht Sonneberg* führenden Pfad ein, der im Frühjahr von vielen blühenden Buschwindröschen umrahmt ist. Wenig später wird nach kurzem Anstieg die auf halber Höhe liegende, einen Blick über die Oderaue gewährende Aussicht (2,3 km) erreicht. Wir wandern zunächst noch weiter bergan, bald aber nach Nordwesten bergabwärts, passieren schräg einen in Ost-West-Richtung verlaufenden Talweg, steigen dann unmittelbar danach auf dem schmalen Pfad hoch bis in die Nähe der schwer auffindbaren *Wenzelsburg*, deren Betrachtung kaum lohnt. Nur mit Mühe lassen sich auf dem Plateau der sagenumwobenen Burg noch einige Reste von Gräben und Wallanlagen erkennen.

Der sich nun bergauf und bergab durch Blätterwald am Berghang später auch auf dem Bergrücken dahinschlängelnde, den Schluchten ausweichende Wanderpfad führt nordwestlich über den phantasievoll bezeichneten Sternberg, Herzberg, Flaschenberg, Mondberg und Kreuzberg zur Bundesstraße (4 km). Kurz vorher biegen wir in den parallel zur Landstraße verlaufenden Weg ein, wandern bis zur asphaltierten Dorfstraße (5 km), biegen dort rechts, etwas später in den Fußweg links ein und erreichen bald das Ziel der Wanderung.

41 Schneeberg - Krügersdorf - Beeskow

Verkehrsmöglichkeiten Nahverkehrszug Königs Wusterhausen-Beeskow.
Wegmarkierung Ohne.
Tourenlänge Etwa 9 km.
Wanderzeit 2 1/4 Stunde.
Höhenunterschiede Keine.
Wanderkarte 1 : 25 000 Umgebungskarte Nr. 8, Beeskow, Kartographischer Dienst Potsdam. 1 : 200 000 Generalkarte Blatt 33.
Wissenswertes *Krügersdorf* ist bekannt durch eine Ansammlung bemerkenswerter, außerordentlich starker, unter Naturschutz stehender Stieleichen. Mit einem teilweise 10 m großen Stammumfang gehören sie mit zu den gewaltigsten Brandenburgs. - Die Barockkirche mit Turm und zierlicher Laterne stammt von 1720.
Anmerkungen Autofahrer können ihr Fahrzeug in Beeskow parken (siehe Route 34) und mit einem der relativ oft verkehrenden Nahverkehrszüge bis Schneeberg fahren. - Empfehlenswert ist ein Rundgang durch das alte Beeskow mit seinen fast vollständig erhaltenen Wehranlagen (siehe Route 34), den man der Wanderung anschließen kann.
Tourenbeschreibung Ausgangspunkt unserer Wanderung ist der Bahnhof von *Schneeberg*. Von hier geht es die B 246 entlang nach Süden bis *Krügersdorf* (1,5 km), wo uns bereits am Ortseingang eine der mächtigen Stieleichen begegnet. Wir wandern dann, vorbei an der *Dorfkirche* bis zum ehemaligen Herrenhaus des Rittergutes. Hier nach rechts, dann in nördlicher Richtung durch den fast restlos verwilderten Gutspark mit seinem noch beachtenswerten Baumbestand, später an einem Wildgehege vorüber, führt uns der Weg in kurzer Zeit zur B 246. Dort steht schräg gegenüber in der von der Bundesstraße nach Süden abzweigenden Allee die *»Dicke Eiche«* mit ihrem Stammumfang von 10 Metern. Nach einer näheren Besichtigung gehen wir zur Bundesstraße zurück und schreiten in die östliche Richtung, um dort weitere Exemplare in Augenschein zu nehmen.

Wir kehren dann um und wandern, vorbei an einem *Wildgehege* und der Gaststätte »Zum Schloßpark«, wieder nach Westen bis zu dem unmittelbar danach links abzweigenden Weg. Der entlang hübscher Grundstücke, später auch durch die freie Natur verlaufende Weg stößt bald auf den von Krügersdorf kommenden Feldweg (2,7 km) und bringt uns nach rechts zum nahen Wald. Hier beachten wir den unmittelbar am Wald links abbiegenden Weg nicht und wählen erst den 20 Meter nachfolgend links abzweigenden Weg. Der einsame Waldweg mündet schließlich in den breiten *Reudnitzer Waldweg* (5 km). Dort wenden wir uns nach rechts und wandern in die nordwestliche Richtung. Immer wieder lassen freie Stellen den Blick in die Ferne schweifen. Schließlich geht der Waldweg in einen Wiesenweg über, der mit schattenspendenden Bäumen begrenzt ist. Hier haben wir eine weite, reizvolle Aussicht über die Beeskower Platte, die Stadt, bis hin zu den Rauenschen Bergen. Auf bequemem Weg wandern wir weiter geradeaus bis zur *B 186* (7,7 km), wenden uns dort nach rechts und erreichen, vorüber an einer gestutzten *Bockwindmühle* bei der nächsten Kreuzung nach links über die Spreebrücke direkt das Stadtzentrum.

Schenkenländchen

Das Wandergebiet mit seinem im Zentrum befindlichen Schenkenländchen umfaßt ein Areal östlich der Dahme, westlich des Motzener-Teupitzer Rinnensystems, nördlich des Baruther- und südlich des Berliner Urstromtales. - Schon relativ frühzeitig entstand hier, mit Teupitz als Zentrum, ein relativ selbständiger Lausitzer Herrschaftsbereich. In der Frühzeit mit Brandenburg verbunden, gehörte er, seit die aus der Nähe von Halle stammenden Schenken von Landsberg (1350) das Gebiet übernahmen, zunächst zu dem meißnischen Gefolge. Während dieser Zeit bildet sich dann auch der Name Schenkenländchen. Nach dem Dreißigjährigen Krieg heruntergewirtschaftet, wurde es schließlich 1718 für 54 000 Taler an König Friedrich Wilhelm I. (1688/1713–1740) verkauft. Damit ging die Ära der Schenken zu Ende. - Das nicht zum Schenkenländchen gehörende Mittenwalde ging bereits 1245 nach dem Sieg der Brandenburger über die Meißner in askanischen Besitz über.

42 Königs Wusterhausen - Krummensee - Gallun - Mittenwalde - Nottekanal - Königs Wusterhausen

Verkehrsmöglichkeiten S-Bahn Charlottenburg–Königs Wusterhausen - Bei einem Abbruch bzw. Beginn der Wanderung in Mittenwalde können Busse von/nach Königs Wusterhausen benutzt werden.
Parkmöglichkeiten Am Bahnhof Königs Wusterhausen oder am Nottekanal in Nähe der in Richtung Mittenwalde führenden Luckenwalder Straße.
Wegmarkierung Ohne.
Tourenlänge Etwa 17,6 km, bei Abbruch in Mittenwalde etwa 9 km bzw. 8,6 km bei Beginn in Mittenwalde.
Wanderzeit 4 1/4 bzw. 2 Stunden.
Höhenunterschiede Keine.
Wanderkarte 1 : 25 000 Umgebungskarte Nr. 5, Königs Wusterhausen, Mittenwalde, Teupitz, Kartographischer Dienst Potsdam. 1 : 200 000 Generalkarte Blatt 33.
Wissenswertes Die erstmalige Erwähnung *Königs Wusterhausens* erfolgte im Jahr 1320. Die große Zeit von Königs Wusterhausen begann, als 1697 der neunjährige Kronprinz Friedrich Wilhelm, der spätere König Friedrich Wilhelm I., besser bekannt unter dem Namen Soldatenkönig, die Herrschaft als Geschenk

erhielt. Der König verbrachte jährlich mindestens zwei Monate in dem zu seinem Lieblingsaufenthalt erkorenen Jagdschloß. Fontane schrieb dazu: »Königswusterhausen ist vielleicht mehr als ein anderer Ort (nur Potsdam ausgeschlossen) mit der Lebens- und Regierungsgeschichte König Friedrich Wilhelm I. verwachsen.« Das berühmte Tabakskollegium traf sich zu seiner Zeit wechselseitig in Potsdam und in den oberen Schloßräumen in Königs Wusterhausen, mitunter auch im Tabakshäuschen am Nottekanal. Viele wichtige Entscheidungen, so unter anderem das Todesurteil über Fritz Katte, wurden im Schloß Wusterhausen gefällt. Mit dem Tod Friedrich Wilhelm I. wurde es dann lange Zeit ruhig um Königs Wusterhausen. Erst nach der im Oktober 1923 erfolgten Betriebsaufnahme des auf der Langwelle sendenden Deutschlandsenders wurde Königs Wusterhausen wieder europaweit bekannt. – Von den Sehenswürdigkeiten Königs Wusterhausens hat das Schloß trotz seiner wechselhaften

Geschichte viel von seiner aus der Erbauungszeit (16. Jh.) stammenden äußerlichen Ursprünglichkeit bewahrt. Die typische Renaissance-Schöpfung präsentiert sich dem Besucher als ein mit zwei gleichen parallelen Satteldächern abgeschlossener, schlichter zweigeschossiger Putzbau. Der unsymmetrisch nach Osten vorgesetzte runde Treppenturm verleiht dem Ganzen ein außergewöhnliches Aussehen. Einen guten Überblick über das Wandergebiet erhält man von dem 1910 auf dem Funkerberg erbauten und jetzt als Aussichtsturm genutzten Wasserturm. – Etwa zeitgleich mit Königs Wusterhausen entstand an dem Notteübergang die Grenzburg und Marktsiedlung (1307) *Mittenwalde.* Auf dem fast unveränderten, mittelalterlichen Stadtgrundriß blieb das Berliner Tor mit Vortor aus Backsteinen und vom Haupttor der runde Feldsteinturm, beide wohl aus dem Ende des 15. Jh. sowie Teile der Pfarrkirche aus dem 13. Jh. erhalten. Die mit dem Namen Paul Gerhardt eng verbundene Pfarrkirche (Stadtkirche) St. Moritz – hier schrieb er das Lied »Befiehl du meine Wege« – errichtete man im 13. Jh. und 15. Jh. und 1877/78 den mächtigen neugotischen Mittelturm. Fontane widmete im Band 4 der »Wanderungen« jeweils Königs Wusterhausen und Mittenwalde ein Unterkapitel.

Anmerkungen Die Wanderung eignet sich auch als Winter- oder Radwanderung; Prinzipiell läßt sich die Wanderung auch in Mittenwalde, wo gute Busverbindungen mit Königs Wusterhausen bestehen, abbrechen bzw. beginnen.

Tourenbeschreibung Ausgangspunkt der Wanderung ist der *Bahnhof* von Königs Wusterhausen. Wir wandern durch die Bahnhofsstraße, passieren am anderen Ende die Ampelkreuzung – rechts geht es über den Nottekanal zum Schloß – und folgen, vorbei an der Parkplatzeinfahrt, der *Luckenwalder Straße* bis zur *Blindenschule*, die 1904 im neugotischem Stil als Feierabendhaus für Blinde errichtet wurde. Am Ende der Neubauten wandern wir auf dem rechts parallel zur Landstraße verlaufenden Weg bis zum Ende der Bundesanstalt für Materialprüfung, überqueren dort die Landstraße, den *unbeschrankten Bahnübergang* und gelangen schließlich in südwestlicher Richtung zu dem mit einem grünen Balken bezeichneten breiten Waldweg. Ohne den später vor der Brücke links abbiegenden markierten Weg zu beachten, geht es eine geraume Zeit geradeaus bis zur *Krummensseer* Dorfstraße (4,2 km) und zu der links gelegenen Badestelle.

Am Ufer benutzen wir dann den rechts abgehenden Weg (grün markiert) bis zur Hauptstraße. Bei der nächsten Linkskurve überqueren wir sie, schreiten ein Stück geradeaus und schlagen den in südwestlicher Richtung verlaufenden, von jungen Eichen begrenzten Feldweg ein. Er bringt uns nach der *Autobahnunterführung* (6,7 km) zu dem ersten kreuzenden Feldweg (7,7 km), in unmittelbarer Nähe einer betonierten Kartoffelmiete. An dieser Stelle wenden wir uns nach rechts, folgen der Eichenallee, passieren die ehemaligen Bahnstrecken Königs Wusterhausen-Mittenwalde und Königs Wusterhausen-Töpchin und wandern auf dem sanft ansteigenden Weg prallel zur Bahn in Richtung Mittenwalde. Am alten Bahnhof (9,5 km) der legendären *Mittenwalder-Neuköllner-Eisenbahn* werden wir die Schienen passieren und wenig später in die Hauptstraße links einbiegen.

Nach weiteren 500 Metern wird *Mittenwalde*, eine typische märkische Kleinstadt, die ihre Ursprünglichkeit bewahrte, erreicht. Wer die Wanderung mit einer Stadtbesichtigung verbinden möchte, geht dann über den Nottekanal in Richtung Stadtmitte. - Unser Wanderweg folgt nun am *Nottekanal* (1866 in seiner heutigen Form angelegt) dem alten *Treidelweg*, der vor der Brücke abzweigt und für die Pferde zum Ziehen der Kähne angelegt wurde. Wenig später, nach der erneut kreuzenden Eisenbahn, zeugen alte Brückenreste einer Ziegelbahn von der ehemaligen, jetzt aber kaum noch vorhandenen Industrie. Hinter der *Autobahnbrücke* (12,6 km) sehen wir links bereits die ersten Häuser von Deutsch-Wusterhausen, bald auch rechts das Schenkendorfer Schloß und etwas später die ersten Häuser von *Königs Wusterhausen* (15,2 km). Am Kanal entlang kommen wir, vorbei am Parkplatz, nach Passieren der Ampelkreuzung über die Bahnhofsstraße zum Ausgangspunkt zurück.

43 Motzen - Töpchin - Motzen

Verkehrsmöglichkeiten Busstrecke Königs Wusterhausen-Teupitz, Königs Wusterhausen-Töpchin und Königs Wusterhausen-Zossen.
Parkmöglichkeiten Vor dem Gasthof Siebenmark.
Tourenlänge Etwa 10,5 km bzw. 3,2 km bei Abbruch in Töpchin oder 7,3 km bei Beginn in Töpchin.
Wanderzeit $2^1/_2$ Stunden bzw. $^3/_4$ oder $1^3/_4$ Stunden.
Höhenunterschiede Etwa 80 Meter, am Kahlen Berg auch etwas steiler An- und Abstieg.
Wanderkarte 1 : 25 000 Umgebungskarte Nr. 5, Königs Wusterhausen, Mittenwalde, Teupitz, Kartographischer Dienst Potsdam. 1 : 200 000 Generalkarte Blatt 33.

Wissenswertes Ausgeprägte Vorkommen an Geschiebelehm und Ton machten das Gebiet im vorigen Jahrhundert zu einem Zentrum der Ziegelindustrie. So steht denn auch im Bd. 4 der »Wanderungen«: »Überall hier herum liegt fetter Ton unterm Sand, und wenn Sie nachts über Großköris hinaus an den Motzener See fahren, da glüht es und qualmt es rechts und links, als brennten die Dörfer«.

Anmerkungen Die teilweise recht sonnige Rundwanderung läßt sich auch in die Strecken Motzen–Töpchin und Töpchin–Motzen unterteilen. Kraftfahrer sollten auch in diesem Fall ihr Fahrzeug in Motzen abstellen und die relativ gute Busverbindung nach Töpchin nutzen.

Tourenbeschreibung Kraftfahrer erreichen den Ausgangspunkt der Wanderung, die *Motzen Mühle*, von der Gaststätte Siebenmark auf der Töpchiner Landstraße vorbei an einem Meilenstein der ehemaligen Poststraße nach etwa 800 Meter. Busreisende fahren direkt bis zur Mühle.

Dort überqueren wir geradlinig die Straßengabelung und verlassen auf dem zweiten, rechts abzweigenden Weg die nach Töpchin führende Straße. Etwa 200 Meter weiter stößt der Weg auf eine kleine, als Parkplatz freigegebene Waldwiese. Hier biegen wir in den links entlang der Wiese in die südwestliche

Richtung führenden, anfangs überwachsenen Weg ein und wandern, ohne auf abgehende Wege zu achten, auf dem sanft ansteigenden Weg weiter nach oben. Der hübsche, aussichtsreiche Wanderweg bringt uns vorbei an brachliegenden Feldern schließlich auf dem *Gipfelplateau* (1 km) zu einem kreuzenden Weg. An dieser Stelle links einschwenkend, geht es nun über eine freie Fläche mit einer Fernsicht-Aussicht zum Kahlen Berg. Er liegt zwischen ausgedehnten Wäldern, ist mit einem Feuerwachturm geziert und wird noch von uns zu besteigen sein. Unser Weg führt vorbei an Steilhängen der ehemaligen Lehmgruben durch Wald und mündet schließlich am Waldessaum auf einem breiten Fahrweg. Nach seiner Überquerung setzen wir dann auf dem schmalen Pfad die Wanderung fort, passieren die alte Eisenbahnlinie Königs Wusterhausen–Töpchin und gelangen bald zur *Töpchiner Chaussee.* Hier bietet sich ein kleiner Abstecher zur Betrachtung der ansehnlichen Fachwerkbauten des ehemaligen Töpchiner Bahnhofs an (hinter der Endstelle der Buslinie Königs Wusterhausen–Töpchin). Der Wanderweg verläuft entlang einer Allee bis zur *Landstraße Mittenwalde–Töpchin* (2,9 km), überquert sie und setzt sich in nordöstliche Richtung fort. An der naheliegenden Bushaltestelle läßt sich die Wanderung abbrechen oder beginnen.

Der nun offene Weg bietet über die Wiesenlandschaft des Töpchiner Sees Ausblicke bis hin zu dem Höhenzug der Spaltenberge. Am Ende des zunächst an einer Bungalow-Siedlung entlang und später durch Wald führenden Weges (5 km) dürfen wir den rechts liegenden *Steg* nicht verpassen, der einen Fließ überquert. Auf romantischem Pfad, stellenweise auch über einen Knüppeldamm geht es durch ein Sumpfgebiet. Nach seiner Passierung ladet ein stiller an einer kleinen Waldwiese liegender, mit Bänken versehener Platz zur Rast ein. Nun folgen wir dem Wanderweg, biegen bei der gepflasterten Waldstraße links ein, wandern später am Ufer des *Töpchiner Sees* entlang und schwenken schließlich am Ende des Sees (8,8 km) rechts in den Waldweg ein.

Etwa 200 Meter weiter beginnt dann rechts der mit einem grünen Punkt markierte, steile Aufstieg zu dem 40 Meter höheren *Kahlen Berg.* Nach Bewältigung des Steilhanges biegen wir 20 Meter später in den markierten Weg links ein. Ohne weitere Anstrengung wird der Gipfel mit seinem Feuerwachtturm erreicht. Etwa 50 Meter in nordwestlicher Richtung befindet sich eine der schönsten Aussichten der Mark. Vor uns sehen wir den Motzener See, die um 1755 erbaute barocke Kirche mit ihrer geschweiften Turmhaube und etwas weiter im Hintergrund den

Machnower Weinberg. Für den Abstieg wird der vom Feuerwachtturm in nördlicher Richtung abgehende Weg benutzt. Nach Erreichen der Betonstraße links und auf der Hauptstraße rechts einbiegend, sind wir in wenigen Minuten am Ziel.

44 Teupitz - Tornow - Tornowsee - Springkling - Neuendorf - Teupitz

Verkehrsmöglichkeiten Bus Königs Wusterhausen–Teupitz.
Parkmöglichkeiten Teupitzer Marktplatz oder Tornower Dorfplatz.
Wegmarkierung Weitgehend ohne.
Tourenlänge Etwa 11,4 km bei Beginn und Ende in Teupitz oder 6 km bei Beginn und Ende in Tornow.
Wanderzeit $2^3/_4$ oder $1^1/_2$ Stunden.
Höhenunterschiede Etwa 60 Meter An- und Abstieg.
Wanderkarte 1 : 25 000 Umgebungskarte Nr. 5, Königs Wusterhausen, Mittenwalde, Teupitz, Kartographischer Dienst Potsdam. 1 : 200 000 Generalkarte Blatt 33.
Wissenswertes Bis zum Bau der Provinzial-Irrenanstalt (1908), der späteren Landesheilanstalt, war Teupitz die zweitkleinste Stadt der Mark. - Auf der Halbinsel liegt die schon im 17. Jh. zerfallene spätmittelalterliche Burg. Von ihr blieben nach der Umgestaltung im Jahr 1950 nur wenige Teile der Ringmauer und Reste eines Backsteinturmes erhalten. Die Kirche stammt im Kern wohl aus dem 14. Jh., sie wurde um 1566 erweitert, 1855/59 umfassend erneuert und mit dem Westturm versehen. Erwähnenswert ist noch das alte Amtshaus von 1769. - Fontane, der am 20. und 21. Juni 1862 in Teupitz weilte, schrieb in Bd. 4 seiner »Wanderungen«: »So sah ich den Teupitzer See zuletzt, und ich habe Sehnsucht, ihn wiederzusehen.«
Anmerkungen Die Wanderung läßt sich als Rundwanderung sowohl von Teupitz als auch von Tornow durchführen, sie kann auch in Tornow beendet werden und eignet sich auch als Winterwanderung.
Tourenbeschreibung Vom schattigen Marktplatz wandern wir in Richtung Groß Köris und biegen bei der Gaststätte *»Schenk von Landsberg«* rechts ein. Auf schönem Wiesenweg mit weiten Aussichten, später auch durch Wald, geht es unterhalb des Krankenhauses und westlich davon auf dem sogenannten *Schwarzen Weg* immer geradeaus vorbei am *Tütschensee*, den ersten Häusern von *Tornow* und dem Friedhof direkt zur asphal-

tierten Tornower Landstraße. Dort nach rechts wird bald der kleine Dorfplatz mit dem *Kriegerdenkmal* erreicht (3 km). Prinzipiell kann die Wanderung auch hier begonnen bzw. beendet werden. Wir folgen der Dorfstraße in südlicher Richtung bis zu dem Gebäude der freiwilligen Feuerwehr, biegen an dieser Stelle in den rechten Waldweg und 150 m weiter nochmals in den ersten rechts abgehenden Weg ein und gelangen schließlich nach Überqueren einer asphaltierten Straße zum Ostufer des *Tornowsees* (4,3 km). Unser Wanderweg verläuft nun links vom See in südwestlicher Richtung. Vorbei an einer Badestelle, immer unterhalb der mit mächtigen alten Kiefern versehenen Steilhänge und tief eingeschnittenen Trockentälern sind wir bald am romantisch gelegenen Naturschutzgebiet *Springkling.*

Die Quelle des kreuzenden kleinen Rinnsals befindet sich am Fuße eines riesigen, bewachsenen Einfalltrichters. Wenig später wird auf einer verträumt liegenden kleinen Brücke ein Zufluß vom Briesensee überquert. An der unmittelbar folgenden Gabelung setzen wir unsere Wanderung auf dem sanft ansteigenden Weg geradeaus fort, biegen aber dann bei der nächsten Gabelung (2,4 km) in den linken, oberhalb des *Briesensees* entlangführenden Weg ein. Auf einem linken Pfad läßt sich mit wenigen Schritten der völlig von bewaldeten Hängen umgebene, anmutige Waldsee erreichen. Nach etwa 200 Metern endet unser Weg scheinbar auf einem Querweg. Ohne uns davon beirren zu lassen, wandern wir in der bisherigen Richtung auf dem zunächst

Zu Tour 44 **Teupitzer Pfarrkirche** (Foto: Manfred Feller)

etwas unscheinbaren Pfad weiter. Der Wanderweg kreuzt etwas später einen breiten Waldweg und stößt schließlich auf die unbefestigte Mittelmühler-Baruther-Waldstraße. Wir überqueren sie und folgen dem schmalen Waldpfad. Zunächst geht es durch einen Jungbestand von Kiefern bergan, später durch Hochwald steil abwärts. Der breite, später auch offene Wanderweg endet schließlich in *Neuendorf* (7,1 km).

Vorbei an Grundstücken mit hübschen Gärten, wird das langgezogene Dorf von Süd nach Nord durchwandert. Nach Verlassen des Dorfes schwenken wir ca. 40 Meter hinter dem Ortseingangsschild rechts und bei der *Mittelmühle* nochmals rechts in den Weg ein, der den alten Mühlgraben passiert und folgen bei der nächsten Wegegabelung dem linken (blau und rot markierten) Weg. Er bringt uns zunächst durch eine Wiesenlandschaft bis zur mitten im Wald gelegenen *Hohen Mühle* (7,1 km). Ein Platz verleidet zu einer beschaulichen Rast. Er liegt am Ufer des Tornowsees zwischen zwei riesigen alten Linden und ist mit Bänken versehen. Der Wanderweg wendet sich dann nach links und windet sich teilweise als schmaler Uferweg am *Tornower See* entlang. Nachdem umzäunte Grundstücke den weiteren Weg versperren, geht es 100 Meter nach links bis zur asphaltierten Tornower Landstraße und auf ihr rechts einschwenkend bis zur steilen Rechtskurve (8,3 km).

Wanderer, die ihre Wanderung in Tornow begannen oder sie dort beenden möchten, folgen weiter der Landstraße bis zu dem etwa 500 Meter entfernt liegenden Dorfplatz, von wo aus Busverbindungen bestehen. Die Teupitzer Wanderer wenden sich am *Friedhof* nach links, am Friedhofsende nochmals links und wandern auf dem bekannten *Schwarzen Weg* nach *Teupitz* zurück.

45 Waldeck - Teupitzer See - Tornows Idyll - Forsthaus Töpchin - Waldeck

Verkehrsmöglichkeiten Bus Königs Wusterhausen-Teupitz.
Parkmöglichkeiten In der am südlichen Waldecker Ortsausgangsschild rechts abzweigenden zum Friedhof führenden Waldstraße.
Wegmarkierung Anfangs ohne, von dem Abzweig Zeltplatzstraße bis Ortsausgangsschild Eggsdorf rot/blau, dann wieder ohne.
Tourenlänge Etwa 8 km.
Wanderzeit 1³/₄ Stunden.
Höhenunterschiede Etwa 60 Meter An- und Abstieg.
Wanderkarte 1 : 25 000 Umgebungskarte Nr. 5, Königs Wusterhausen, Mittenwalde, Teupitz, Kartographischer Dienst Potsdam. 1 : 200 000 Generalkarte Blatt 33.
Wissenswertes Fontane weilte vom 7.–9. Juli 1874 an Bord der Sphinx am Teupitzer Seee. Über den See schrieb er: »Der Teupitzer See ist fast eine Meile lang und eine Viertelmeile breit, an einigen Stellen, wo er sich buchtet, auch breiter: Sein Wasser ist hellgrün, frisch und leichtflüssig; Hügel mit Feldern und Hecken fassen ihn ein, und außer der schmalen Halbinsel, die das ›Schloß‹ trägt und sich bis tief in den See hinein erstreckt, schwimmen große und kleine Inseln auf der schönen Wasserfläche umher«.
Anmerkungen Die Wanderung läßt sich wegen der günstigeren Busverbindungen (Königs Wusterhausen–Töpchin) auch in Töpchin beginnen. Den Ausgangspunkt der Wanderung, die kleine Gemeinde Waldeck, erreichen wir auf der von Töpchin über die nach Süden führende Landstraße (mit einem gelben Strich markiert) nach 1,8 Kilometer.
Tourenbeschreibung Unsere Wanderung beginnt in dem kleinen Walddorf *»Waldeck«*, dem früheren »Sputendorf«. Unmittelbar hinter dem südlichen Ortsausgangsschild biegen wir links und unmittelbar danach rechts in den bergauf führenden Weg ein. Der zunächst sanft, dann immer steiler ansteigende Weg bringt uns nach 800 Metern auf das Plateau der *Spalten-*

(Sputen)berge. Hier begrenzt leider der geschlossene Kiefernhochwald die noch in vielen Karten ausgewiesene Fernsicht. Wir wandern an einem mit eingestreuten Eichen aufgelockerten Mischwald entlang, passieren bald eine breite Schneise und folgen dem am Plateauende sanft abfallenden Wanderweg bis zu einer asphaltierten Waldstraße (1,7 km). Der Weg führt uns rechts und später auf dem ersten links abzweigenden Weg direkt zum *Zeltplatz* und unmittelbar danach zum *Teupitzer See.* Nach diesem kleinen Abstecher geht es zurück zum Zeltplatz, dann auf dem nach Südwesten führenden Waldweg im Bogen wieder zur asphaltierten Waldstraße (2,8 km). Auf ihr wandern wir durch eine abwechslungsreiche Natur, bis wir am Ende einer einseitigen Birkenallee (3,4 km) auf eine rote und blaue Markierung stoßen. Hier geht es nach links zu einem Zaun, dann rechts auf den schmalen Pfad, der sich durch ein wildromantisches Gebiet schlängelt, ständig auf und ab bis zu umzäunten Grundstücken.

Der Weg bringt uns nun zwischen zwei Grundstücken zu einer Transformatorstation und schließlich zu einem breiten Waldweg, der an Grundstücken vorbeiführt. Er bietet, obwohl Grundstücke ein unmittelbares Betreten des Ufers verwehren, immer wieder neue, schöne Blicke über den Teupitzer See. Nach

Erreichen der zur Zeit geschlossenen, bereits von Fontane mit dem Schiff »Sphinx« angesteuerten Gaststätte *Tornows Idyll* (4,6 km) wenden wir uns nach Südwesten, wandern 200 Meter bis zur Landstraße, biegen dort rechts und nach dem Ortsausgangsschild links in den Waldweg ein.

Der allmählich ansteigende Weg zeigt uns bald die bewaldeten Gipfel der Egsdorfer Berge. Vom Gipfel (5,5 km) wandern wir zwischen den Jagen 4320 und 4321 nach rechts durch prachtvollen Hochwald geradeaus und bergab bis zum *Forsthaus Töpchin*, das urplötzlich, im Wald versteckt, auftaucht. Noch vor dem Forsthaus geht es nach rechts auf dem schmalen Pfad bis zum See. Nun folgen wir dem östlichen Steilufer bis zu dem Sandstrand, verlassen dort auf dem breiten, in die nördliche Richtung führenden Sandweg den See, biegen etwas später (7,7 km) rechts in die breite Waldstraße ein und erreichen nach dem Parkplatz Waldeck, das Wanderziel.

46 Krummensee - Sutschketal - Krummensee

Verkehrsmöglichkeiten Bus Königs Wusterhausen-Töpchin oder Königs Wusterhausen-Zossen.
Parkmöglichkeiten In Nähe des Krummenseer Bades.
Wegmarkierung Grüner Balken.
Tourenlänge Etwa 9,5 km.
Wanderzeit $2^1/_4$ Stunden.
Höhenunterschiede Etwa 40 Meter An- und Abstieg.
Wanderkarte 1 : 25 000 Umgebungskarte Nr. 5, Königs Wusterhausen, Mittenwalde, Teupitz, Kartographischer Dienst Potsdam. 1 : 200 000 Generalkarte Blatt 33.
Wissenswertes Die Sutschke ist ein kleines, tief eingeschnittenes, zwischen Sander- und Jungmoränenflächen liegendes eiszeitliches Schmelzwassertal.
Anmerkungen Der teilweise recht sonnige Wanderweg eignet sich auch für eine Winterwanderung. - Die Wanderung (siehe Route 42) kann auch in Königs Wusterhausen (Bahnhof bis Krummensee 4,2 km) oder in Schenkendorf (Schenkendorf bis Krummensee 1,3 km) begonnen werden.
Tourenbeschreibung Vom Ausgangspunkt unserer Wanderung, dem Strandbad *Krummensee*, geht es auf dem grün markierten schmalen Pfad zunächst unmittelbar am Ufer des *Krummer Sees* nach rechts in die südliche Richtung bis uns ein Zaun den

weiteren Weg versperrt. Hier wenden wir uns nach rechts, biegen in die Hauptstraße links ein und folgen ihr vorbei an mit viel Grün ausgestatteten Grundstücken geradeaus weiter. Der sanft um 20 Meter ansteigende Weg bietet bald eine Fernsicht. Zwischen gefälligen Hügeln eingebettet und teilweise von ihnen versteckt zeigt sich vor dem am Horizont sichtbaren Groß Machnower Weinberg der mächtige Turm von St. Moritz in Mittenwalde. In südlicher Richtung erblicken wir die Platanenallee von Marienhof, dahinter den Galluner Forst und im Osten den hellen Turm des Kolberges, der die waldreiche Umgebung überragt. Nun geht es auf den weiterhin offenen Weg geradeaus bis zur *B 246* (3,5 km). – Interessenten können hier einen kurzen Abstecher zu der 300 Meter in westlicher Richtung an der B 246 liegenden Platanenallee unternehmen. –

Wir wenden uns dann nach links und wandern auf der allmählich nach unten führenden B 246 bis zur *Talsohle der Sutschke* (3,9 km) und biegen dort links in den grün markierten, schmalen Pfad ein. Der dem westlichen Ufer folgende Talweg windet sich durch einen mit Eichen und Kiefern durchsetzten, von steilen Hängen begrenzten Grund. Nach 5 Kilometern wird ein Rastplatz erreicht. An dieser Stelle können wir auf dem verwachsenen *Dammweg* einen kleinen Abstecher zum gegenüberliegenden Ufer unternehmen. Ein prächtiger, wenn auch begrenzter Blick in das Sutschketal wird uns dafür belohnen. Vom Ausgangspunkt geht es weiter durch den Grund, immer entlang der grünen Markierung, bis zu den ersten, im Tal liegenden Krummenseer Grundstücken (6 km). Wenige Häuser später, in Nähe der *Hausnummer 13*, biegt unser weiterhin grün markierte Wanderweg rechts ab und passiert auf einem kleinen, wildverwachsenen Pfad die Sutschke. Auf der anderen Seite wenden wir uns nach links und bleiben an dem Ufer der sich weit zum *Krummer See* öffnenden Sutschke. Der Weg verläuft jetzt in Wassernähe bis zu einem versperrenden Zaun. Wir umgehen das Grundstück und wandern zum Ufer zurückgekehrt bis zur nördlichsten Seeausdehung (8,5 km), biegen dort links und auf der Hauptstraße nochmals links ein und erreichen nach nicht ganz einem Kilometer schließlich unser Wanderziel.

47 Försterei Sauberg - Forsthaus Dubrow - Naturschutzgebiet Dubrow - Schmölde - Frauensee - Försterei Sauberg

Verkehrsmöglichkeiten Bus Königs Wusterhausen–Märkisch Buchholz oder Königs Wusterhausen–Teupitz.
Parkmöglichkeiten 500 Meter von der Försterei Sauberg entfernt an der zur Försterei Dubrow und Campingplatz führenden Waldstraße.
Wegmarkierung Ab Försterei Dubrow roter Balken, ab Naturschutzgebiet mit kurzen Unterbrechungen bis zum Forsthaus Frauensee grüner Punkt, dann ohne.
Tourenlänge Etwa 13 km, bei Abbruch am Ende des Naturschutzgebietes etwa 7,5 km.
Wanderzeit 3 bzw. 1¾ Stunden.
Höhenunterschiede Keine nennenswerten.
Wanderkarte 1 : 25 000 Umgebungskarte Nr. 5, Königs Wusterhausen, Mittenwalde, Teupitz, Kartographischer Dienst Potsdam. 1 : 200 000 Generalkarte Blatt 33.
Wissenswertes Friedrich Wilhelm I. (1688/1713–1740), der in der näheren Umgebung seines Jagdschlosses Wusterhausen ein geeignetes Jagdgebiet suchte, erwarb die im Besitz der Schlieben, Oppen und Schenken von Teupitz befindliche Dubrow. Berühmt waren die von Fontane im Bd. 4 seinen »Wanderun-

gen« eingehend beschriebenen Reiherjagden. Später etwas in Vergessenheit geraten, erlebte die Dubrow bei den bis 1918 jährlich stattfindenden Kaiserjagden erneut glanzvolle Zeiten. – Eine besondere Sehenswürdigkeit sind die teilweise 300jährigen Traubeneichen im Naturschutzgebiet.

Anmerkungen Die Wanderung eignet sich auch als Winterwanderung.

Tourenbeschreibung Unsere Wanderung beginnt am Parkplatz, der etwa 500 Meter von der Bushaltestelle *Försterei Sauberg* entfernt auf der Waldstraße zur Försterei Dubwow bzw. zum Zeltplatz liegt. Wir folgen zunächst der nach Osten führenden und später sich nach links wendenden asphaltierten Waldstraße, vorbei an alten Eichen bis zu dem idyllisch gelegenen *Forsthaus Dubrow*. Der Wildkeller nördlich davon, diente einst bei Treibjagden zur Unterbringung des geschossenen Wildes. – Hier schwenken wir in die rechts zum Campingplatz führende, mit einem roten Balken gekennzeichnete Waldstraße ein, wandern entlang der Förstereiwiesen, übersehen den ersten rechts abgehenden und biegen bei der nächsten Kreuzung (1,4 km) halbrechts in den mit einem grünen Punkt markierten, in die südöstliche Richtung führenden Wanderweg ein.

Zu Tour 47 **Frauensee in der Dubrow** (Foto: Manfred Feller)

Dieser leitet uns durch den unter Naturschutz stehenden prachtvollen *Traubeneichenwald* zu einem eingezäunten Grundstück (2,5 km) und dort links vorbei nach wenigen Metern zum Steilufer des *Hölzernen Sees*. Immer oberhalb des Sees erreichen wir bald eine Schutzhütte, die bereits an der *Schmölde* (3,2 km) liegt. Auf dem Waldweg wandern wir bis zum *Campingplatz* (4 km). Dort folgen wir halblinks der roten Markierung bis zur Campingplatzgaststätte, biegen im Kurvenknie der asphaltierten Waldstraße links in den grün markierten Weg ein und kommen schnell zur asphaltierten Waldstraße (5,2 km). Es geht nun nach Westen bis zum nächsten Wanderweg, der rechts abzweigt und mit einem grünen Punkt versehen ist. - Wanderer, die hier ihre Wanderung abbrechen möchten, benutzen die Straße nach Westen und wandern dann auf dem Hinweg zurück zum Parkplatz.

Wir aber folgen dem zunächst noch grün markierten, anfangs etwas abfallenden, später eben verlaufenden Waldweg, ohne dabei abbiegende oder kreuzende Wege zu beachten, bis zum *Frauensee* (7,2 km). Am Ufer geht es dann nach links zum nordwestlichen Abschnitt. Dort entfernt sich bei einem Rastplatz der Weg vom See und bringt uns schließlich zur *Försterei Frauensee* (8,5 km) mit der bekannten *Naturschutzstation* (Haus des Waldes mit Waldschule). Hier informiert ein Naturerlebnisgarten über die Natur und den Umweltschutz im Dahmeland.

Auf der asphaltierten Straße schreiten wir bis zur Gräbendorfer Waldstraße (9,7 km), wenden uns dort nach links und verlassen sie, ohne die rechts zur Gaststätte Dubrowberg abzweigende Straße zu beachten, bei dem etwa 250 Meter danach rechts abzweigenden zur Königseiche führenden Waldweg. Die links mitten im dichten Wald stehende, leicht zu übersehende *Königseiche* ist der bescheidene Rest einer einst gewaltigen Eiche. Auf dem später unmarkierten Hauptweg kommen wir, vorbei an einem Kahlschlag, zur *B 179* und kurze Zeit später zur Bushaltestelle Försterei Sauberg oder links einbiegend zum Parkplatz.

48 Streganz - Streganzer Berg - Krüppelkiefer - Streganz

Verkehrsmöglichkeiten Bus Königs Wusterhausen–Streganz.
Parkmöglichkeiten Im Dorfzentrum.
Wegmarkierung Bis zum Streganzer Berg roter Punkt, von dort auf den Streganzer Berg gelber Balken, dann gelber Punkt und zuletzt grüner Balken.
Tourenlänge Etwa 8 km.
Wanderzeit 1 3/4 Stunde.
Höhenunterschiede Etwa 60 Meter An- und Abstieg.
Wanderkarte 1 : 25 000 Umgebungskarte Nr. 6, Storkow, Kartographischer Dienst Potsdam. 1 : 200 000 Generalkarte Blatt 33.
Wissenswertes Das kleine, ursprünglich slawische Runddorf liegt am nördlichen Rand einer der älteren Phase des Brandenburger Stadiums entstandenen Grundmoräne, die sich als Endmoräne im Bereich des Streganzer Berges bis zu 94 Meter erhebt.
Anmerkungen Wegen des weit verbreiteten Heidekrautes bietet sich eine Wanderung zur Blütezeit im September an.
Tourenbeschreibung Von dem mit einer Eiche gekrönten *Dorfplatz* wenden wir uns nach Westen, durchschreiten auf dem mit einem roten Punkt markierten Weg einen kleinen Park und folgen der asphaltierten Straße in östlicher Richtung. Wir verlassen sie wenig später auf geradeaus führendem, unbefestigtem Weg, schwenken dann rechts in die *Schweriner Straße* ein und wandern auf den von Eichen begrenzten, jetzt auch blau bezeichneten Weg bis zu zwei einsam stehenden Häusern (1,2 km). Hier führt uns der rechts beginnende Rundwanderweg »Linowsee« vorbei an zwei Soldatengräbern zu einem am reizvollen *Linowsee* liegenden Rastplatz. Von dort folgen wir weiter dem rot markierten Weg, wenden uns bei dem nächsten breiten Weg nach rechts, vor einem Gehöft nach links und ersteigen in einem tief einge-

schnittenen Hohlweg schließlich das Plateau des rechts liegenden *Streitberges*. Der bequeme Weg führt uns durch Kiefernwald zu einer weithin offenen Natur (3 km). Hier wenden wir uns nach rechts und wandern am Waldessaum mit Fernblicken, vorbei an teilweise mit Gletscherspuren versehenen Findlingen bis zu einem kreuzenden Weg. Dort schreiten wir einige Meter nach rechts, dann gleich wieder links am Waldrand entlang und erreichen nach einer Wegkreuzung die Stelle, wo von rechts ein gelb markierter Wanderweg einmündet (4,1 km).

Dieser bringt uns nach 20 Metern über die Wiese zum gegenüberliegenden Waldsaum und dort nach rechts zu einem *Rastplatz* mit einer Aussicht zu dem nordwestlich liegenden Kolberg, der durch Gebäude der Bundespost gekennzeichnet ist. Auf dem markierten Wanderweg stoßen wir später auf eine breite Schneise. Hier lohnt sich ein kurzer Abstecher zu dem links steil ansteigenden *Streganzer Berg* (5,5 km) und seiner Aussicht zum Kolberg. Nun geht es auf der mit einem gelben Punkt versehenen Schneise, ohne den mit einem gelben Balken bezeichneten, bald abzweigenden Weg zu beachten, immer geradeaus in Richtung des Kolbergs weiter.

Nach steilem Abstieg und Überqueren einer breiten Waldstraße sollten wir einen kleinen Abstecher zur mitten im Waldesdickicht stehenden, interessanten *Krüppelkiefer* unternehmen. Der Weg dorthin ist grün markiert und gut bezeichnet. Zurück zum Hauptweg, dann nach Osten, später auch nach Nordosten kommen wir direkt nach Streganz, dem Ziel unserer Wanderung.

Spreewald, Niederlausitz

Das nördlich des warthekaltzeitlichen Lausitzer Urstromtales und südlich des weichselkaltzeitlichen Baruther-Urstromtales liegende Gebiet bildet hier den Übergangsraum vom Jungmoränen- zum Altmoränenland. Er wird im Süden begrenzt von der bei Bad Muskau liegenden jungwarthekaltzeitlichen Endmoräne des Lausitzer Grenzwalls und im Norden von der über die Krausniker Berge verlaufenden Endmoräne des Brandenburger Stadiums. In diesem Grenzbereich entstand der Spreewald, eine in Mitteleuropa einmalige Natur. - Mit dem Eisrückgang während des Brandenburger Stadiums flossen dann die gewaltigen Schmelzwasser und die südlichen Zuflüsse wie die Spree über das Baruther Urstromtal nach Westen ab. Mitgeführter Sand bildete dabei einen großen, bis zur Grenze Peits im Norden und Burg im Westen reichenden Schwemmsandfächer voller kleiner Talinseln. Nach dem weitere nördlich gelegenen Gebiete eisfrei wurden, bahnten sich die Schmelzwasser im Bereich von Lübben über ein bei Kötzen vorgeformtes Gletscherzungenbecken, es dabei mit Schwemmsand auffüllend, den Weg nach Norden.

Zu Tour 49 **Gedenkstein für die ehemalige Gaststätte »Hungriger Wolf« an der alten Berliner-Lübbener Chausse** (Foto: Manfred Feller)

Angewehte Dünen versperrten schließlich den Weg nach Norden und zwangen die Spree zu dem noch heute eingehaltenen großen östlichen Umweg über den Schwielochsee. Dieses wiederum reduzierte das Gefälle und damit die Strömungsgeschwindigkeit. Die dadurch entstandene breite und oft überflutete Aue vermoorte langsam und führte schließlich zur Bildung des Spreewaldes.

Im Rahmen der Ostkolonisation kam die Niederlausitz mit dem Spreewald unter Markgraf Gero (937/65) um 963 zur Ostmark. Vom großen Slawenaufstand unberührt, gelangte sie von 1018–1032 vorübergehend unter polnische Herrschaft. Erst nach dem Sieg König Konrad II. über den polnischen Herzog Mieszoke (1031) ging es endgültig in deutschen Besitz über. Zunächst unter Wiprecht von Groitzsch zur Mark Meißen gehörend, erwarben es 1304 der Askanier Otto IV. mit dem Pfeil von dem Wettiner Dietzman. Nach dem Aussterben der Askanier ging es von 1367–1635 mit zwischenzeitlichen Unterbrechungen in böhmischen Besitz über, wo sich dann seit 1500 der Name Nieder(ehemalige Lausitz-) und Oberlausitz herausbildete. Schließlich wurde nach dem Wiener Kongreß (1815) die Niederlausitz Preußen zugesprochen.

49 Oderin – Hungriger Wolf – Heideseen – Köthen – Oderin

Verkehrsmöglichkeiten Nahverkehrszug Berlin-Cottbus – Rückfahrt bei Abbruch in Köthen mit dem Bus bis Halbe und dann mit dem Nahverkehrszug oder mit dem Bus bis Märkisch Buchholz und dann mit dem Bus bis Königs Wusterhausen.
Parkmöglichkeiten Bahnhof Oderin.
Wegmarkierung Bis Köthen ohne, ab Köthen grüner Strich.
Tourenlänge Etwa 14,5 km bei Abbruch in Köthen 9 km.
Wanderzeit $3^1/_2$ bis 2 Stunden.
Höhenunterschiede Etwa 50 Meter An- und Abstieg.
Wanderkarte TK 1 : 50 000 Königs Wusterhausen, Blatt N 33-136; 1 : 200 000 Generalkarte Blatt 33.
Wissenwertes Nördlich der Spreeniederung und etwa 30 km südöstlich der Berliner Stadtgrenze erhebt sich aus umgebenen Sanderflächen die wechselkaltzeitlichen Endmoräne der *Krausniker Berge.* Sie erreicht bei dem 144 m hohen Wehlaberg ihre größte Höhe.
Anmerkungen Im Bereich des Hungrigen Wolfes ist die etwas komplizierte Streckenführung zu beachten. Die Wanderung

kann in Köthen abgebrochen werden. Die Rückfahrt erfolgt, wie oben angeführt, mit dem Bus (nur werktags).

Tourenbeschreibung Unsere Wanderung beginnt am Bahnhof von *Oderin*. Wir überqueren den Bahnübergang und wandern auf der Chaussee in die nördliche Richtung, biegen nach etwa 200 Metern in den ersten rechts abzweigenden Köthener Feldweg ein. Der von Kastanien und Ahornbäumen eingefaßte Weg verläuft zunächst durch eine Landschaft mit Feldern und Wiesen. Wir passieren dann einen schmalen Waldstreifen, überqueren eine kleine Brücke und ersteigen den *Hügel* (1,7 km), der einen Blick über die leicht bergige Landschaft des unteren Spreewaldes gestattet. Bei dem nächsten kreuzenden Querweg verlassen wir den Fahrweg und schwenken rechts, ohne den etwas verwachsenen genau nach Süden abgehenden Weg zu beachten, in den nach Südosten führenden, von herrlichen Birken umsäumten Waldweg ein. Hinter der Kreuzung eines Waldweges wendet er sich nach links in die östliche Richtung. Auf ebenem Weg, vorbei an Stangenholz und an Kiefernhochwald, gelangen wir, ohne abgehende oder kreuzende Wege zu berücksichtigen, immer geradeaus zur alten, mit Schotter versehenen *Chaussee Berlin–Lübben* (2,9 km). Wir wenden uns nach rechts und sehen auf der linken Seite den Findling, der uns mit einer Inschrift an den legendären Gasthof zum *»Hungrigen Wolf«* erinnert.

Die steinige Straße führt uns vorbei an links abgehenden Waldschneisen zu einer leichten Rechtskurve (3,5 km) und 100 Meter danach zu einem kreuzenden Waldweg. Dort verlassen wir die Straße nach links in die östliche Richtung. Kurze Zeit später mündet der Waldweg in einen von Nord nach Süd verlaufenden Querweg. Hier wählen wir die linke nördliche Seite, wandern zunächst geradeaus, halten uns dann auf dem Hauptweg rechts, ohne den 100 Meter später geradeaus führenden unbedeutenden Weg zu beachten, und folgen etwa 200 Meter dem Hauptweg bis zur nächsten Linkskurve. Hier gehen wir entweder auf dem schmalen Waldweg geradeaus oder auf dem Hauptweg weiter und erreichen bald eine unbefestigte *Waldstraße* (4,3 km), in die dann links einzubiegen ist. Mit den östlich liegenden Hügeln kündigen sich hier bereits die Krausniker Berge an. Wenig später wird bei einem eingezäunten Bestand von Jungeichen die Waldstraße verlassen und in den rechts abgehenden, zwischen eingezäunten Gebieten leicht ansteigenden Waldweg eingeschwenkt. Auf dem kurze Zeit später kreuzenden Querweg wenden wir uns nach rechts und wandern, oberhalb des durch die Bäume schimmernden Schwabingsees, parallel zu der eben verlassenen Waldstraße auf dem Höhenweg nach Süden. Bei der nächsten Wegegabelung benutzen wir den linken, etwas bergan führenden Weg und gehen auf dem Kammweg immer geradeaus, später auch bergab bis zum *Schwanensee* (5,8 km).

Noch ein Stück geradeaus, dann bei der unmittelbar folgenden Kreuzung nach links, geht es zwischen steilen Berghängen und dem Ostufer bis zum nördlichsten Punkt (6,6 km), wo am idyllischen Ort eine überdachte Bank zur Rast einlädt. Der Weg führt dann durch einen Lärchenbestand, vorbei am *Mittelsee*, der in seiner Schönheit dem Schwanensee nicht nachsteht zum *Pichersee* (7,1 km), dem letzten der Heideseen. Über dem See zeigt sich bereits unser nächstes Ziel, die ehemalige Försterei. Bei ihr mündet schließlich auch der Uferweg in eine Waldstraße.

In diese links einbiegend, sind wir in kurzer Zeit in *Köthen* (9 km), einem am gleichnamigen See gelegenen, nur aus wenig Häusern bestehenden typischen märkischen Walddorf. Der Ort wird auf der asphaltierten, in südwestliche Richtung nach Märkisch Buchholz führenden Landstraße verlassen. Nach Passieren einer kleinen Brücke (9,8 km) biegen wir in den linken Weg ein und wählen bei der unmittelbar folgenden Wegegabelung die rechte, für den Fahrzeugverkehr nach Oderin freigegebene *Waldstraße*. Auf der stellenweise etwas steinigen, durch dichten, dann wieder aufgelockerten Kiefernwald führenden Waldstraße wandern wir immer geradeaus nach Westen. Über die bald kreuzende, alte *Chaussee Berlin–Lübben* (11,1 km), vorbei am Abzweig des Hinweges (12,6 km) kommen wir auf bekanntem Wege zur Landstraße und dort nach links auch zu unserem Wanderziel, dem Oderiner Bahnhof.

50 Straupitz - NSG Bytna - Mühlendorf - Nordumfluter - Straupitz

Verkehrsmöglichkeiten Nahverkehrszug Berlin–Cottbus bis Bahnhof Lübben oder Vetschau und dann mit Bus bis Straupitz.
Parkmöglichkeiten Vor der Kirche.
Wegmarkierung Bis Byleguhre grüner Strich, von Byleguhrer Siedlung bis zum Nordumfluter gelb, dann ohne.
Tourenlänge Etwa 11 km.
Wanderzeit 2 1/2 Stunden.
Höhenunterschiede Keine.
Wanderkarte TK 1:50 000 Cottbus, Blatt M 33–5; 1 : 200 000 Generalkarte Blatt 35.
Wissenswertes *Straupitz* bildete seit 1655 den Mittelpunkt der aus neun Dörfern bestehenden gräflichen Standesherrschaft derer v. Houwald. - Die 1827–32 nach den Plänen Karl Friedrich Schinkels errichtete klassizistische Dorfkirche ist ein Meisterwerk des Rundbogenstils. Der schlichte, in seiner Gesamtheit aber monumental wirkende Bau besitzt zwei 40 m hohe, weithin sichtbare quadratische Türme, ähnlich der Friedrichswerderschen Kirche in Berlin. Darüber hinaus sind das 1794 erbaute Gutshaus (Schule), der auf dem Dorfplatz befindliche bronzene Hirsch aus dem 19. Jh. und der zwölf Hektar große, mit seltenen Bäumen bestückte, ehemalige Gutspark sehenswert.
Tourenbeschreibung Ausgangspunkt der Wanderung ist die *Kirche*. Auf der *Cottbuser Landstraße* verlassen wir das Dorf in östliche Richtung und folgen der grünen Markierung. Etwa 300 Meter hinter dem Ortsausgangsschild biegt unser Wanderweg (teilweise blau markiert) rechts in das *NSG Bytna* ein. Nach weiteren 200 Metern (1,1 km) schwenken wir in den links einbiegenden Weg ein.

Hier sind bereits die ersten Eichen zu bewundern. Wenig später mündet unser Weg in einem von Nord nach Süd verlau-

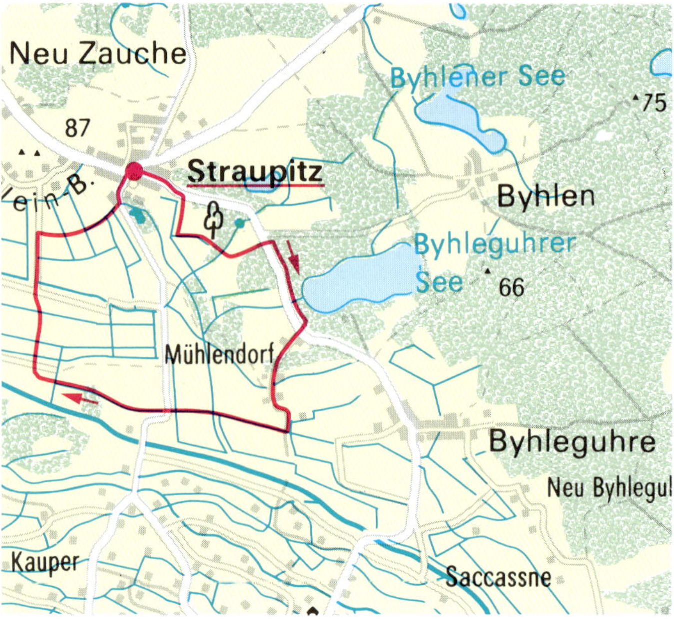

fenden Weg. Wir richten uns weiterhin nach der Markierung und folgen dem rechts durch das sagenumwobene, ehemals heilige Gebiet der Slawen führenden Weg. Vorbei an einem links liegenden Ringwall, gelangen wir zu einer freien Fläche, die uns einen bezaubernden Blick zu den Türmen der Straupitzer Kirche gestattet. Immer noch entlang der jetzt in etwas größeren Abständen angebrachten Markierung, können wir die links urwüchsig im Wald stehende 1000jährige und die etwas später unmittelbar am Weg befindliche noch mächtigere Eiche kaum übersehen. Nach der nächsten Kreuzung geradeaus in Richtung Byleguhre gelangen wir in einigen Minuten zur ehrwürdigen *Christoph-Heinrich-Eiche.* Die jetzt in kurzen Abständen stehenden Bänke laden zu einer beschaulichen Wanderpause ein. Bald treffen wir bei einer kleinen Waldwiese (2,4 km) auf eine Wegkreuzung. Bevor wir den Weg geradeaus fortsetzen, besichtigen wir linker Hand in 250 Meter Entfernung die berühmteste Eiche des Gebietes, die sogenannten *»Florentina«.* Ihr Stamm kann kaum von zwölf Männern umfaßt werden.

Vom Abstecher zurück zum Ausgangspunkt, setzen wir die Wanderung in der Fluchtlinie nach Osten bis zur Landstraße (3 km) fort. Der Wanderweg verläuft auf der anderen Seite und parallel zu der nach Südosten führenden Landstraße. Vorbei am Schilfgürtel des *Byleguhrer Sees*, verlassen wir an der Landstraße (3,5 km) den grün markierten Wanderweg. Hier überqueren wir die Landstraße und folgen dem gelb markierten Weg durch die *Byleguhrer Siedlung*, später auch durch ein Waldgebiet bis zu dem kleinen *Mühlendorf*, das mitten in dem hügligen Gelände des Lieberoser Endmoränenbogens, am Fuße des 67 Meter hohen Mühlenbergs liegt.

Die Gründung des Dorfes erfolgte zum Ende des 18. Jh. durch einen Straupitzer v. Houwald in unmittelbarer Nähe einer bereits seit Anfang des 18. Jh. bestehenden, wasserbetriebenen Schneidemühle. Als Sehenswürdigkeit besitzt der Ort eine am Dorfanger stehende, 9 Meter Stammumfang messende, mächtige Stieleiche.

Am Ende des Dorfes wenden wir uns nicht wie die Landstraße nach links, sondern benutzen den Wiesenweg, der entlang der Telegrafenmasten geradeaus an zwei Siloanlagen vorbeiführt. Kurz darauf stößt der Weg (5,1 km) auf die breite Fahrstraße des 1933–36 erbauten *Nordteiches.*

Hier folgen wir der gelben Markierung nach Westen. Der jetzt immer geradeaus verlaufene, sonnige Wanderweg bringt uns durch ein typisches Spreewaldgebiet mit weiten, nur durch eingestreute kleine Wälder unterbrochene Wiesenflächen zur asphaltierten Landstraße (6,6 km), die von der Buschmühle kommt. Etwa 200 Meter weiter verlassen wir sie auf dem westlich abzweigenden, nach Lübben führenden Wiesenweg. Bald erreichen wir, wenige Meter bevor der Weg auf den breiten wasserführenden *Nordumfluter* stößt, ein rechter Hand gelegenes einsames Gehöft. An dieser Stelle heißt es aufpassen! Wir müssen das Gehöft auf der westlichen Seite umgehen und uns dann einen Weg nach Norden durch die stellenweise etwas sumpfige Wiese suchen. Die Richtung geben die in nicht allzuweiter Ferne sichtbaren Kirchtürme an. Nach 300 Metern läßt sich die Wanderung problemlos auf dem Feldweg fortsetzen. In der Höhe des Schlosses (10 km) können wir uns entscheiden, ob wir auf dem rechten Weg unmittelbar zu unserem Ziel wandern oder einen Abstecher zu dem Neuzaucher Weinberg unternehmen wollen. Er gewährt in 89 Meter Höhe eine weitreichende Aussicht. Auf dem direkten Weg wird bald das Gutshaus (Schloß) (10,7 km) und, vorbei an zwei Obelisken, wenig später auch das Ziel unserer Wanderung erreicht.

51 Lübbenau - Lehde - Lübbenau

Verkehrsmöglichkeiten Nahverkehrszug Berlin–Cottbus.
Parkmöglichkeiten Am Markt.
Wegmarkierung Grüner Balken.
Tourenlänge Etwa 4,7 km.
Wanderzeit 1 1/4 Stunde.
Höhenunterschiede Keine.
Wanderkarte TK 1 : 50 000 Lübben, Blatt M 33–4; 1 : 200 000 Generalkarte Blatt 35.
Wissenswertes Das im Schutz einer 1301 erwähnten Burg entstandene *Lübbenau* liegt im Zentrum des Spreewaldes. Bereits Anfang des 14. Jh. wurde es zur Stadt erhoben. Von Anfang des 16. Jh. bis 1621 gehörte Lübbenau zum Herrschaftsbereich der Grafen von Schulenburg und später zu den über Frankreich aus Italien eingewanderten Grafen zu Lynear, unter denen es auch eine Standesherrschaft wurde. Mit der Niederlausitz kam Lübbenau von 1635 bis 1815 zu Kursachsen und schließlich 1815 zu Preußen. Der im 18. Jh. einsetzende Fremdenverkehr verhalf Lübben zu einem gewissen Wohlstand. Besonders die Fontaneschen Artikel über den Spreewald in den Preußischen Zeitungen (1859) und die Gründung des Spreewaldvereins (1887) förderten diese Entwicklung. - Die barocke einschiffige Stadtkirche St. Nicolai wurde 1738–41 erbaut. - Als weitere Sehenswürdigkeit ist

Zu Tour 51, 52, 58 **Lübbenauer Fährhafen** (Foto: Manfred Feller)

die vor der Kirche stehende kursächsische Distanzsäule aus dem Jahr 1740 und das klassizistische Schloß zu nennen. Es besteht aus zwei in stumpfen Winkeln zusammenstoßenden dreigeschossigen Flügeln und wurde 1817–20 nach Plänen von Karl Benjamin Siegel errichtet. Zum Schloßensemble gehören weiterhin die Orangerie und das gräfliche Gericht (Museum). – In *Lehde* werden heute noch viele aus dem 18. und 19. Jh. stammende Blockbauten bewohnt. Einmalig ist das Freilandmuseum, das aus umgesetzten Spreewaldgehöften (Schlangenkopf-Giebelabschluß) besteht und nach dem Vorbild des schwedischen Skansen errichtet wurde. – Für Fontane war der Spreewald das zweite Ziel, das er für seine Wanderungen durch die Mark Brandenburg besuchte. Über Lehde schrieb er: »Man kann nichts Lieblicheres sehen als dieses Lehde, das aus ebenso vielen Inseln besteht, als es Häuser hat«.

Anmerkungen Die Wanderung eignet sich auch für eine Winterwanderung.

Tourenbeschreibung Vom *Markt*, dem Ausgangspunkt unserer Wanderung, wenden wir uns, vorbei an der Stadtkirche, nach Osten, schreiten bis zum *Fährhafen* und passieren dort die Spree auf der links liegenden Holzbrücke. Der Weg führt durch gepflegte Anlagen weiter nach rechts zur asphaltierten Straße. Wir richten uns nach der grünen Markierung und wandern auf der schattigen, von Linden, Buchen und Eichen umsäumten Landstraße nach Südosten bis zu dem charakteristischen, erst seit 1929 auf dem Landweg erreichbaren Spreewalddorf *Lehde* (2,2 km). Nur ein kurzes Stück ist es dann noch bis zu dem legendären *»Fröhlichen Hecht«* und dem *Freilandmuseum*. Der Rückweg erfolgt auf dem grün markierten Weg, der über eine Holzbrücke und an malerischen Gehöften vorbei führt. Nach Passieren mehrerer Brücken und Überqueren der Hauptspree gelangen wir zu dem von Birken gezierten, erst 1935/36 angelegten *Leiper Fußweg*. In diesen rechts einbiegend, geht es auf dem Waldweg immer geradeaus bis zum *Fährhafen* und wenig später auch zum Marktplatz.

52 Lübbenau - Wotschofska - Lübbenau

Verkehrsmöglichkeiten Siehe Route 51.
Parkmöglichkeiten Auf dem Markt.
Wegmarkierung Grüner Diagonal-Streifen.
Tourenlänge Etwa 8,2 km. **Wanderzeit** $1^3/_4$ Stunde.
Höhenunterschiede Keine.
Wanderkarte TK 1 : 50 000 Lübben, Blatt M 33-4; 1 : 200 000 Generalkarte Blatt 35.
Wissenswertes *Lübbenau* siehe Route 51 - Im Dreißigjährigen Krieg war der Spreewaldhorst *Wotschofska* ein Schlupfwinkel der Lübbenauer Bevölkerung. Danach entstand dort am Rande des Bürgerwaldes ein Vorwerk und später auch ein Jagdhaus der

Zu Tour 51, 52, 58 **Spreewald bei Lehde** (Foto: Manfred Feller)

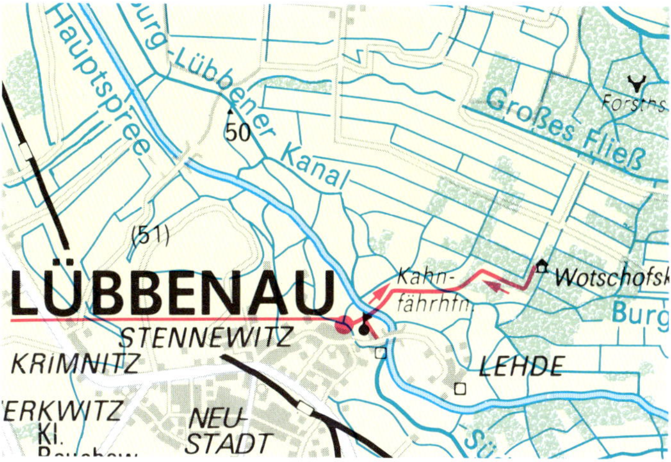

Standesherrschaft. Die heutige Gaststätte wurde 1894 gemeinsam von der Stadt und dem Fremdenverkehrsverein im Schweizerstil errichtet. Zunächst nur auf dem Wasserweg erreichbar, legte Lübbenau 1911 den hübschen, mit 2000 Birken bepflanzten Promenadenweg an.

Anmerkungen Die Wanderung eignet sich auch als Winterwanderung.

Tourenbeschreibung Vom *Marktplatz* biegen wir in die nach Norden führende, mit einem grünen Diagonalstrich markierte *Schulstraße* ein, wo dann am Gasthaus *Spreeschlößchen* der eigentliche Wotschofskaweg beginnt. Vorbei an Grundstücken, biegt nach etwa 600 Metern der vom Schloß kommende und für den Rückweg zu benutzende Fußweg ab. Der herrliche Waldpfad verläuft zunächst in Nähe des *Bürgerfließes*, passiert auf 17 oft typischen Spreewaldbrücken den sogenannten Banken, mehr oder weniger breite Kanäle, und schließlich auch den Eschengraben. Der Weg wendet sich mal nach links, bald aber wieder nach rechts und folgt anfangs der nordöstlichen, später auch der östlichen Richtung. Am *Wehrkanal* entlang kommen wir direkt zur reizvoll am Burg-Lübbener-Kanal gelegenen *Wotschofska* (3,5 km). Für den Rückweg benutzen wir den gleichen Weg, biegen aber etwa 3 Kilometer hinter der Wotschofska (bei dem *Wegweiser »Wotschofska 3 km*) in den links abzweigenden Wiesenweg ein. Dieser Weg endet vor dem kleinen, liebevoll angelegten *Tierpark*. Dort wenden wir uns nach links und wandern am *Schloß* vorbei. In der Orangerie befindet sich eine sehenswerte Prozellansammlung und im gräflichen Gericht die »Spreewaldguste«, eine Schmalspurlokomotive, die von 1896 bis 1970 ihren Dienst versah.

Bald danach erreichen wir den Fährhafen und kurze Zeit später auch den Markt.

53 Burg - Schloßberg - Burg

Verkehrsmöglichkeiten Nahverkehrszug Berlin-Cottbus bis Lübben oder Vetschau, dann mit dem Bus Lübben-Cottbus-Vetschau bis Burg.
Parkmöglichkeiten Nähe der Kirche.
Wegmarkierung Anfangs roter Balken bis zur ersten Hauptspreebrücke, weiter ein Stück ohne, dann grüner Balken bis zur Bleiche, auf Landstraße recht lückenhaft, später über die Spree bis zu den Gewächshäusern grüner Balken, dann roter Balken bis zur Bleiche, weiter ein Stück ohne und schließlich blauer Balken bis zu dem Schloßberg.
Tourenlänge Etwa 12 km.
Wanderzeit 3 1/2 Stunden.
Höhenunterschiede Keine.
Wanderkarte TK 1 : 50 000 Cottbus, Blatt M 33-5; 1 : 200 000 Generalkarte Blatt 35.
Wissenswertes Die erstmals 1315 erwähnte Gemeinde *Burg* besteht aus den bis 1960 selbständigen Gemeinden Burg-Dorf, Burg-Kauper und Burg-Kolonie. Abgesehen von Burg-Dorf, wohnen die Einwohner auf Grund des sumpfigen Geländes weit voneinander entfernt auf den inselartigen Kaupen, die sich aus dem Grundmoränengebiet erheben. Die 600 landwirtschaftlichen Gehöfte sind auf einem Areal von 55 km^2 verteilt und bilden damit eine der flächenmäßig größten Gemeinden Deutschlands. - Als Sehenswürdigkeit besitzt Burg eine Pfarrkirche, die nach dem Brand von 1766 in den Jahren 1799 bis 1804 neuerbaut wurde. - Eines der bedeutenden Denkmale der jüngsten Bronze- und frühen Eisenzeit der Niederlausitz ist die Wallanlage auf dem *Schloßberg.* Die bereits von Virchow in ihrer Wichtigkeit erkannte Anlage beeindruckt noch immer durch ihren 2 Meter hohen Wall, der ein Gebiet von 80-100 Meter Durchmesser umschließt. Nach den bisherigen Untersuchungen bestanden im Zeitalter der Lausitzer Kultur (13. bis 18. Jh. vor Chr.) drei Besiedlungsphasen. Während dieser Zeit hatte die Anlage eine überregionale Kultbedeutung. Erst nach einer länge-

ren Pause errichteten im 11. Jh. die Slawen auf den Resten eine mächtige Burg mit Vorburg. Möglicherweise war sie auch die Residenz, in der der polnische König Bolesslav Chrobry die Markgrafentochter Oda von Meißen heiratete (1018).

Tourenbeschreibung Nach dem Start unserer Wanderung vor der *Burger Pfarrkirche* folgen wir der Hauptstraße in die nördliche Richtung. Vorbei an dem links liegenden *Kahnfährhafen* wandern wir entlang der roten Markierung über die Hauptspree und schlagen dort den ersten links abbiegenden Weg ein. Der am Anfang noch asphaltierte Weg geht allmählich in einen schmalen Wanderpfad über, der rechts von der ruhig zwischen mächtigen Eichen, Erlen und Buschgruppen dahinfließenden *Hauptspree* verläuft. Wir wandern am rechten Ufer der Hauptspree und schreiten an einer Brücke (1,9 km) vorbei. Der Weg entfernt sich mitunter vom Ufer, führt uns aber schließlich zu der grünen Markierung (2,3 km). Diese leitet uns an Wiesenflächen entlang. Nach Überschreiten einer weiteren Brücke (3 km) erreichen wir die exklusive, allseitig bekannte Spreewaldgaststätte *Bleiche.*

Die früher für die Leinenverarbeitung so bedeutungsvolle Bleiche gründeten um 1770 die dort seit 1748 ansässigen Weberfamilien. Nach dem verheerenden Brand von 1850 entstand daraus eine gernbesuchte, bereits um die Jahrhundertwende mit 28 Betten ausgestattete Gaststätte. – Von hier wandern wir noch ein kurzes Stück in südlicher Richtung bis zur Leiper Chaussee, schwenken dann rechts ein und gelangen schließlich auf der stellenweise recht sonnigen Straße zum rechtsstehenden Hotel *»Zum Spreewald«* (4,5 km). An dieser Stelle wenden wir uns nach

Norden, überqueren die *Hauptspree*, verlassen wenig später bei einer scharfen Linkskurve (5,8 km) die von Burg-Kauper kommende Landstraße und wandern auf der rechts abgehenden asphaltierten Straße bis zur 200 Meter später beginnenden grünen Markierung. Der links abzweigende, zunächst bis zu den weithin sichtbaren *Gewächshäusern* grün, dann rot markierte Wanderweg, windet sich in östlicher Richtung und führt uns durch die malerische Natur der *Burger-Kolonie*. Weite Wiesenflächen mit begrenzenden Baum- und Buschgruppen, ständig wechselnde Bilder von fast parkähnlichem Aussehen, offenbaren uns hier die schlichte, liebenswerte Schönheit des Spreewaldes. Entlang der roten Markierung (linke Abbiegung [6,7 km] nicht verpassen!) kommen wir zu der uns bekannten Straße (7,1 km), die über die Hauptspree zur Bleiche führt. Wir überqueren sie, gehen 5 Meter nach links und biegen in den rechten, der bisherigen Richtung in etwa nachfolgenden unmarkierten Weg ein. Auf diesem Weg stoßen wir etwas später zunächst auf eine blaue (8 km) und 200 Meter weiter auf eine grüne Markierung. Hier biegen wir links ab, passieren auf einer schmalen Brücke die *Neue Spree* und gelangen bald zur *Alten Schule*. Hier überqueren wir dic asphalticrtc Buschmühlcnstraßc und folgen dem blau bzw. grün gekennzeichneten Wanderweg, der mitten durch saubere, freundliche Gehöfte weiter geradeaus führt. Bald zeigt sich auch der markante Schloßberg mit der Wallanlage und dem alles überragenden Bismarckturm.

Zu Tour 53, 54 **Frühklassizistische Burger Pfarrkirche von 1799**
(Foto: Manfred Feller)

Jeder weitere Schritt nach vorn zeigt uns immer mehr die imposanten Ausmaße der Anlage. Aber erst vom Wall oder noch besser vom 27 Meter hohen, aus roten Klinkern erbauten *Bismarckturm* läßt sich die 3000jährige *Burganlage* in ihrer Gesamtheit überblicken. Deutlich zeichnet sich der Hauptwall und der kleine Burgwall ab, der die Vorburg südlich des Bahndurchstiches abtrennt.

Nach einer Rast auf den Bänken der sagenumwobenen Landschaft setzen wir unsere Wanderung auf der nach Süden führenden Landstraße bis zur Burger Pfarrkirche, dem Wanderziel, fort.

54 Vetschau - Stradow - Burg-Kolonie - Burg-Dorf - Nauendorf - Fleißdorf - Suchow - Vetschau

Verkehrsmöglichkeiten Nahverkehrszug Berlin-Cottbus. Bei einem eventuellen Abbruch oder Beginn in Burg können die Busverbindungen nach Lübben, Vetschau und Cottbus benutzt werden.
Parkmöglichkeiten Am Bahnhof Vetschau.
Wegmarkierung Zunächst ohne, dann von Stradow bis Burg-Kolonie streckenweise eine alte Markierung mit blauem Balken bzw. gelbem Balken und ab Burg-Kolonie grüner Balken, später auch gelber Balken bis Burg, Rückweg ab Burg ohne.
Tourenlänge Etwa 21,6 km, bei Abbruch in Burg 12,2 km und bei Beginn in Burg 9,4 km.
Wanderzeit 5 bzw. 3 oder 2¹/₄ Stunden.
Höhenunterschiede Keine.
Wanderkarte TK 1 : 50 000 Cottbus, Blatt M 33-5; 1 : 200 000 Generalkarte Blatt 35.
Wissenswertes Das bereits 1302 als deutscher Herrschaftssitz erwähnte *Vetschau* erhielt erst 1548 auf Betreiben Eustachius v. Schlieben sein Stadtrecht. Eine Sehenswürdigkeit ist das alte, 1540 errichtete und 1860-1870 veränderte Wasserschloß. - Eigentümlicherweise stehen auf dem Kirchplatz die Wendische Kirche (1853 auf alten Fundamenten neu errichtet) und die sehenswertere Deutsche Kirche (1690-94 an den Vorgängerbau angefügt) unmittelbar nebeneinander. - *Burg* siehe Route 53.
Anmerkungen Im großen und ganzen ist die teilweise recht sonnige Route das ganze Jahr einschließlich des Winters begehbar, wobei wir als Jahreszeit das späte Frühjahr nach Eintreffen der Störche oder den Herbst zum Beginn der Laubfärbung empfehlen. Die Route eignet sich auch als Radwanderung.

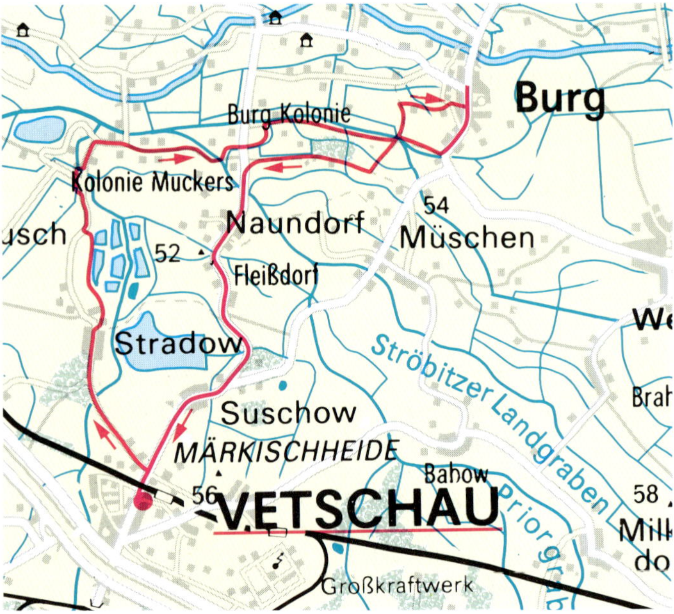

Tourenbeschreibung Unsere Wanderung beginnt nach einem kleinen Stadtrundgang vor dem *Bahnhof.* Von hier wandern wir 200 Meter in die nordöstliche Richtung bis zur Landstraße Vetschau-Burg, überqueren die Bahn, biegen bei der nächsten Straßengabelung links ein und erreichen schließlich *Stradow* (2,2 km). Das gepflegte, bereits 1355 erwähnte, 400 Einwohner zählende Dorf wird auf der Hauptstraße bis zu den mächtigen Eichen des ehemaligen Gutsparks durchschritten. – Der zweigeschossige Massivbau des 1866 erbauten ehemaligen Gutes dient heute als Bürgermeisteramt.

Der Wanderweg verläßt an dieser Stelle die links abbiegende Hauptstraße und folgt dem geradeaus, zwischen Eichen und später durch Gehöfte verlaufenden, stellenweise noch blau markierten Weg bis zu dem ersten *Karpfenteich* (3,5 km). An dieser Stelle betrieb man schon seit Anfang des 19. Jahrhunderts Karpfenzucht. Kurz zuvor schwenken wir in den links abzweigenden Pfad ein, der unmittelbar an dem mit Schilf, Schmal- und Breitblätterige Rohrkolben verwachsenen westlichen Ufer entlangführt. Hier sind viele Wasser- und Sumpfvögel zu finden.

Am Ende der Teiche geht es nach links bis der Weg in die Landstraße mündet. Sie bringt uns vorbei an ausgedehnten Weideflächen und Ackerland weiter geradeaus bis zum Ortseingangsschild (5,5 km) von *Burg-Kolonie.* Nach Überschreiten einer Brücke, wandern wir auf dem blau bzw. gelb markierten Weg durch eine freie Landschaft mit weit auseinanderliegenden Gehöften. Etwas später wendet sich die asphaltierte Straße fast rechtwinklig in nördliche Richtung (6,2 km). An dieser Stelle verlassen wir die asphaltierte Straße und folgen der grünen Markierung geradeaus nach Westen (Wegweiser: Straupitz, Hauptwanderweg 5 km) bis zu der von Nauendorf nach Burg führenden asphaltierten Landstraße (7,8 km). Der weiterhin grün markierte Wanderweg entfernt sich bald links von der Straße, überquert ein kleineres Fließ und erreicht schließlich die Brücke über das *Leineweberfließ* (Südumfluter).

Wir biegen ohne sie zu passieren, rechts ab und folgen dem Weg durch die parkähnliche, typische Spreewaldlandschaft. Vorbei an einem beachtenswerten Wehr, stößt er nach 10,6 Kilometer auf eine Brücke. Der nach ihrer Überquerung anfangs noch grün, dann aber gelb gekennzeichnete Wanderweg zweigt etwas rechts vom Hauptweg ab. Er entfernt sich vom Fließ und führt in nördlicher Richtung entlang einer reizvollen Pappelallee. In wenigen Minuten wird dann das von Urlaubern gernbesuchte *Burg-Dorf*, ebenfalls ein Spreewaldzentrum, erreicht. Auf der Cottbuser Landstraße gelangen wir nun durch den Ort direkt zu der links gelegenen *Dorfkirche* (11,4 km).

Der Rückweg erfolgt zunächst gleichermaßen über die *Cottbuser Landstraße*, dann aber vorbei am Abzweig der Hinwanderung bis zur großen Linkskurve. Ohne die Brücke zu überschreiten,

Zu Tour 55 **Branitzer Park: Blick von der Landpyramide zur Wasserpyramide, der Grabstätte Pücklers** (Foto: Manfred Feller)

biegen wir in den rechten Weg ein, der nach Westen führt. Wir überschreiten bei der nächsten, uns bereits durch den Hinweg bekannten Brücke das *Leineweberfließ* (12,9 km) und folgen dem mit Erlen und Buchen begrenzten Hauptweg in die südwestliche Richtung, bis er sich am Ende einer Deponie scharf nach links wendet. An dieser Stelle führt uns der rechts abbiegende Weg durch eine anmutige Natur. Schließlich mündet unser Wanderweg in die nach Nauendorf führende asphaltierte Landstraße (15,7 km). An dieser Stelle wählen wir die linke Seite und folgen der mit prachtvollen alten Eichen eingefaßten Landstraße, überqueren auf einer Brücke das Gräfenhainer Fließ und erreichen schließlich *Nauendorf* (16,4 km). Die Gemeinde zählt 250 Einwohner. Sie liegt an einem Fließ, das früher die Aufgabe der Dorfstraße erfüllte und besitzt noch einige alte Fachwerkscheunen. So wie in diesem Dorf lassen sich auch in den folgenden die dorfeigenen Storchennester bestaunen und im späten Frühjahr auch das Brutgeschehen und Aufwachsen der jungen Störche beobachten.

Nun schreiten wir auf der Landstraße, vorbei an der Schule, die fast in der Mitte zwischen Nauendorf und Fleißdorf linker Hand liegt und um die Jahrhundertwende von beiden Dörfern gebaut wurde. Kurze Zeit später erreichen wir *Fleißdorf* (18,4 km), das vorwiegend aus Backsteinbauten besteht, gehen entlang der Vetschauer Landstraße und sind bald in *Suchow* (19,4 km). Im Ort stehen ebenfalls noch einige alte Fachwerkscheunen, Wohnbauten (Gasse 7), Blockbauten und Doppelstu-

Zu Tour 55 **Branitzer Park: am Schilfsee** (Foto: Manfred Feller)

benhäuser (Gasse 6). Wenig später erreichen wir die Stadtgrenze von Vetschau und bald auch das Ziel unserer Wanderung, den Vetschauer Bahnhof.

55 Cottbus - Goethepark - Eliaspark - Branitzer Park - Cottbus

Verkehrsmöglichkeiten Nahverkehrszug Berlin–Cottbus. Vom Bahnhof eventuell mit Stadtbus bis Tierpark - Rückfahrt mit der Straßenbahn bis Bahnhof.
Parkmöglichkeiten Bahnhofstraße in Nähe des Theaters bzw. am Tierpark.
Wegmarkierung Keine.
Tourenlänge Etwa 5,5 km bei Beginn am Tierpark oder 12,3 km ab Theater.
Wanderzeit 1 1/4 bzw. 3 Stunden. **Höhenunterschiede** Keine.
Wanderkarte Parkplan oder Faltplan Cottbus und Umgebung. 1 : 200 000 Generalkarte Blatt 35.
Wissenswertes Wegen finanzieller Schwierigkeiten sah sich 1845 *Fürst Pückler* zum Verkauf seiner Standesherrschaft Bad Muskau (siehe Route 56) gezwungen. Aus dem ihm noch verbliebenen Erlös erwarb er unmittelbar darauf nordwestlich von Branitz eine wenig anziehende öde Landschaft. Im Gegensatz zu Muskau, wo es die vorhandene Natur nur zu verändern galt, war sie in Branitz völlig neu zu gestalten. - Der Park, einer der letzten im klassischen Landschaftsstil, besitzt wie der Muskauer Park als wichtigstes gestalterisches Element das Wasser. Zentrum bildet das 1772 von Pücklers Großvater errichtete, 1846–1852 ohne wesentliche äußere Veränderungen durch Semper umgebaute Schloß und die hier zusammenlaufenden Blickachsen, die nie einen Gesamtblick erlauben. - Einen weiteren Schwerpunkt bildet der Bereich um den Pyramidensee mit dem Tumulus, der Landpyramide und des erst nach Pücklers Tod fertiggestellten Hermansberges. - Auffällig ist die sparsame Verwendung von fast ausschließlich einheimischen Gehölzen und die unmittelbare Einbeziehung von Bauwerken, wie die im orientalischen Stil von Persius errichtete Schmiede.
Anmerkungen Die Wanderung kann direkt am Park gegenüber dem mit dem Stadtbus erreichbaren Tierpark (Parkmöglichkeiten) begonnen werden.
Tourenbeschreibung Ausgangspunkt der Wanderung ist das *Stadttheater*, 1908 von Sehring im Jugendstil mit Merkmalen des

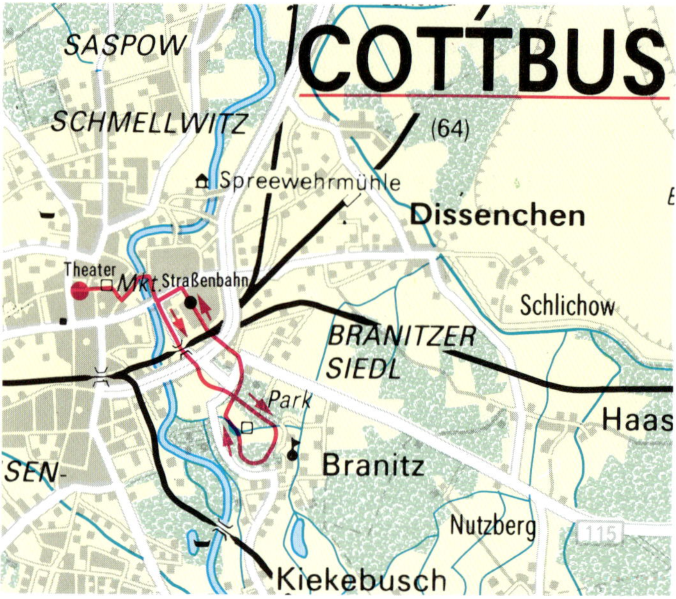

neuklassizistischen Kubismus errichtet. – Bahnreisende verlassen den Bahnhof durch den Fußgängertunnel in die nördliche Richtung, biegen in die Güterzufuhrstraße, dann in die Schillerstraße ein und erreichen das Theater nach 400 Metern. – Wir gehen dann links am Theater die Schillerstraße entlang, biegen am kleinen Park rechts ein, gehen am *Forum für Regionalgeschichte* vorbei, folgen der August-Bebel-Straße nach Osten, durchschreiten an ihrem Ende eine Passage, überqueren die *Fußgängerbrücke* und stoßen dann auf die 1707 bis 1714 errichtete und 1870 mit einem neugotischen Turm versehene *Schloßkirche*. Hier wenden wir uns nach links, schreiten auf der Spremberger Straße bis zum *Altmarkt*, der von Häusern aus dem 17. und 18. Jh. begrenzt wird. Ein Abstecher führt uns zur *Franziskaner-Klosterkirche*, die Anfang des 14. Jh. erbaut wurde. Auf der anderen Seite der Berliner Straße erreichen wir die Sandower Straße. Hier erblicken wir den mächtigen spätgotischen Backsteinbau der *Oberkirche*, die 1945 völlig ausbrannte. Von dort begeben wir uns nach Süden zum Gerichtsplatz, beachten dabei den im Unterteil aus dem Anfang des 14. Jh. stammenden und 1876 ergänzten *Schloßturm*, biegen in die Uferstraße, dann »Am Amtsteich« ein und beginnen mit der Parkwanderung im *Goethepark*.

Links vom Amtsteich wird bald die über die Spree führende Fußgängerbrücke erreicht. Wir überqueren sie, biegen rechts ein und setzen unsere Wanderung auf der *Uferpromenade* fort, die zwischen dem Blechenpark und der Spree verläuft. Auf der Ludwig-Leichhardt-Allee (nach dem 1848 in Australien verschollenen Forscher benannt) geht es weiter geradeaus nach Süden. Nach Überschreiten der Fußgängerbrücke wird der kleine, ansprechende *Eliaspark* betreten. Der Weg bringt uns nun nach links, vorbei am zierlichen Bahnhof »Freundschaft«, der *Parkeisenbahn* zur Kreuzung Stadtring und der B 115. Schließlich überqueren wir noch den Stadtring und gelangen rechts von der B 115 in den *Vorpark* (4,5 km). Hier geradeaus durch den Wald, kreuzen wir die *Pyramidenstraße* und biegen dann gleich in den rechts abgehenden schmalen Pfad ein, der bereits zum *Branitzer Park* gehört.

Zu Tour 55 **Branitzer Park: Schloß Branitz** (Foto: Manfred Feller)

An der sich eröffnenden *Bleyerparkwiese* (5,1 km) (von Bleyer dem Park zugefügt), setzen wir unseren Weg nach links fort. (An dieser Stelle verlassen wir auch nach dem Rundgang den Park.) Unweigerlich zieht nun schon der Tumulus seinen Blick auf sich. Wir gelangen dann zu dem rechts liegenden kleinen *Poetenhügel* (5,7 km), der in Kanalnähe steht und einen anmutigen Blick gewährt. Weiter geht es dann links vom *Schilfsee.* Durch die zwischen den Bäumen verlaufende Blickachse sehen wir das sich harmonisch einfügende Schloß. Bei der hölzernen *Schilfsee-*

Zu Tour 55 **Branitzer Park: Schmiede von Persius** (Foto: Manfred Feller)

brücke, es ist die zweite nach dem Poetenhügel, überqueren wir den Schilfsee und gehen auf das Schloß zu.

Das durch den Schloßsee von uns getrennte *Schloß* wird auf der Gartenseite erreicht. Hier können wir noch einmal die meisterhafte Komposition der schlichten Gartenseite und natürlichen Umgebung bewundern, die hier einen kleinen Ehrenhof bildet. Am *Schloßsee* folgen wir dem linken Weg, passieren die *Weiße Brücke* und wenden uns bei dem *Marstallgebäude* nach Osten. Dabei führt der Weg an dem Stubben eines 1200jährigen Mammutbaumes vorbei, der vor 15 Millionen Jahren in einem Braunkohlenmoor stand. Der Weg verläuft nun um die *Schmiedewiesen* zur *Schmiede* und dann wieder zum Schloß (8,1 km).

An seiner Südseite überqueren wir auf der *Schloßbrücke* den Schloßteich, beachten dabei die Büste (Bronzenachguß von 1984) der Schauspielerin Henriette Sonntag, wandern weiter geradeaus, umgehen einen kleinen Hügel nach rechts und folgen dem Hauptweg bis zu der dem Poetenhügel gegenüberliegenden Kanalseite. Wir halten uns links vom Wasser und erreichen die eindrucksvollste Parkpartie. Das reizvolle, konstrastreiche, aber doch harmonische Situationsbild der Land- und Wasserpyramide ist einmalig in der Gartenbaukunst. Von der *Landpyramide* empfiehlt sich ein Abstecher über die *Schlangenseebrücke* zum *Hermansberg* und seinem Diagonalblick. Nun wenden wir uns der 20 Meter hohen und 40 Meter breiten *Wasserpyramide* zu, der Begräbnisstätte Pücklers, und der vorgelagerten Insel, der Begräbnisstätte seiner geschiedenen Frau Lucie.

Der in Ufernähe verlaufende Weg führt uns zum Parkeingang »Tierpark« (9,8 km), dem Anfang der verkürzten Rundwanderung. Der Weg umgeht nun die Bleyerwiese nach Westen und trifft im nordwestlichen Zipfel auf den Herweg. An dieser Stelle trennen sich die Wege. Wanderer mit der verkürzten Strecke folgen der oben angeführten Route. Die anderen Wanderer biegen in dem vom Herweg links abzweigenden Pfad ein, wandern fast bis zur *Pyramidenstraße* (10,3 km) und biegen kurz vorher in den rechts abgehenden, bald in die Pyramidenstraße mündenden Waldweg ein. Diese Straße führt an Grundstücken entlang und endet rasch in der *Forster Straße.* Hier schwenken wir links ein, schreiten zunächst ein Stück geradeaus, halten uns dann aber links, unterqueren die B 97, passieren den Bahnübergang und erreichen schließlich als Ziel unserer Wanderung die *Straßenbahnendhaltestelle.* Von hier können wir dann in das Zentrum zurückfahren.

56 Bad Muskau - Schloßpark - Bergpark - Badepark - Bad Muskau

Verkehrsmöglichkeiten Mit einem Zug der Strecke Berlin–Görlitz bis Bahnhof Weißwasser und dann mit dem Bus bis Bad Muskau.
Parkmöglichkeiten In Nähe des Marktes.
Wegmarkierung Im Schloßpark etwas verwirrend, im Bergpark grüne Markierung bis in die Nähe von Krauschwitz, später ohne.
Tourenlänge Etwa 11,2 km. **Wanderzeit** $2^1/_2$ Stunden.
Höhenunterschiede Etwa 150 Meter An- und Abstieg.
Wanderkarte Parkplan »Der Muskauer Park« Herausgeber: Rat der Stadt Bad Muskau. 1 : 200 000 Generalkarte Blatt 35.
Wissenswertes Ein Höhepunkt der Gartenkunst des 19. Jahrhunderts war die Schöpfung des Muskauer Parks durch Fürst Pückler. Die ständigen umfangreichen Arbeiten, die Unsummen verschlagen und ihn hoch verschuldeten, zwangen Pückler 1845 zum Verkauf des 200 ha großen Parks. Auf dem 545 ha großen Areal entstanden 55 km Parkwege, wovon heute ein wesentlicher Teil auf polnischem Gebiet liegt. - Das 1862 aus einer Wasserburg umgebaute und 1945 völlig zerstörte *Alte Schloß* wurde von 1965 bis 1968 weitgehend wieder aufgebaut. Es ist wird heute als Museum und Bibliothek genutzt. - Eine Meisterleistung der Neurenaissance war das *Neue Schloß*, das auch als Ruine (Zerstörung 1945) noch nachhaltig beeindruckt.

Anmerkungen Obwohl jetzt Bad Muskau nicht mehr zu Brandenburg gehört, wurde es wegen seiner jahrelangen Zugehörigkeit zu Brandenburg und seiner engen Beziehung zum Branitzer Park mit aufgenommen.

Tourenbeschreibung Wir beginnen unsere Wanderung auf dem Bad Muskauer *Marktplatz.* Von hier aus wird auf der nach Osten führenden Straße nach wenigen Metern das *Alte Schloß* erreicht. Dann wenden wir uns nach rechts und kommen an zwei Platanen vorbei, die noch aus der Pücklerschen Zeit stammen. Wir gehen am *Schloßteich* entlang, später vorüber am Kirchplatzeingang bis zur Karpfenbrücke. Nach der *Karpfenbrücke* begeben wir uns auf der *Großen Schloßauffahrt* zu den rechts liegenden *Orangeriegebäuden* der ehemaligen Ökonomie und dem Tropenhaus (Mai bis Oktober geöffnet). Nun zur Brücke zurück, wird der geradeaus nach Norden in Richtung Schloßwiese führende Weg eingeschlagen. Besonders eindrucksvoll wirkt dabei das Ensemble Neues Schloß und Blutbuche, die 1826 von Pückler als 40jähriger Baum gepflanzt wurde. Unseren Weg setzt sich dann in Richtung *Schloßrampe* fort. Hier zeigt sich ein weiter Blick bis zum jenseits der Staatsgrenze liegenden Teil. Wir schreiten nach rechts, vorbei an der links liegenden Fuchsienbrücke, halten uns weiter rechts, umrunden dabei die *Schloßwiese* und gelangen bald zum *Mittelweg*, der an dieser Stelle die Grenze zwischen Schloßwiese und Schafwiese bildet. In diesen rechts einschwenkend, führt er uns an der *Neiße* entlang zum *Petzholdweg.*

Wir wenden uns dann nach links und folgen dem Dammweg, auf dem sich an der *»Großen Diagonalsicht«* der Park in seiner längsten Sicht zeigt. Nach einem Querweg stoßen wir wieder auf den links einmündenden Mittelweg, und 200 Meter weiter bringt uns ein links abzweigender schmaler Pfad zur *Hermannsneiße.* Hier läßt uns die *»Kleine Diagonalsicht«* über die im Vordergrund stehenden alten Eichen und im Hintergrund befindlichen Blutbuchen die Pücklersche Komposition nachempfinden. Anschließend folgen wir der Hermannsneiße, ohne den rechts abbiegenden Weg zu beachten bis zum *Eichsee* und weiter bis zu dem *Eichseewasserfall.* Dort wird die *Eichseebrücke* überquert und die Wanderung in die südliche Richtung fortgesetzt.

Zunächst geht es an dem links abzweigenden Tränenwiesenweg vorbei auf ansteigendem Weg zum großartigen, leider seines

Zu Tour 57 **Dubkowmühle** (Foto: Manfred Feller)

eisernen Pavillons beraubten Aussichtspunktes *Gloriette.* Wir wandern nun zum *Tränenwiesenweg* zurück, biegen in diesen rechts ein und folgen ihm bis zu dem vor der Ruine des Neuen Schlosses liegenden *Schloßteich.* Jetzt nach rechts erreichen wir nach 3,9 Kilometer das *Alte Schloß*, den Ausgangspunkt unserer Wanderung.

Weiter geht es zum Markt, von dort links zur *Kirchstraße* und nach 150 Metern auf einer rechts abbiegenden, leicht zu übersehenden, mitten durch ein Haus führenden schmalen Gasse aufwärts in den Bergpark und zur *Roten Brücke.* Sie zunächst unterquerend und dann überquerend, gelangen wir unmittelbar danach zur Ruine der *Bergkirche*, die aus dem 14. Jh. stammt und die älteste Kirche der östlichen Lausitz ist. Nach einem kurzen Besuch des naheliegenden *Aussichtspunktes* führt uns der Höhenweg nun geradeaus bis zu einem grün markierten Wanderweg, der vor einer Schlucht rechts abbiegt. Wir wandern nun, ohne den links abzweigenden Rundweg zu beachten, auf dem ständig ansteigenden Hauptweg durch Buchenwald bis zur langgestreckten *Tschirnerwiese.* Rechts liegt in einiger Entfernung ein Friedhof und links die *Große Schlucht.*

Wenig später zeigen sich auf der rechten Seite Gehöfte. Der nach 7,4 Kilometer links abgehende Weg bleibt unbeachtet, wie auch der später rechts einmündende schmale Weg. Erst 10 Meter danach biegen wir in den links abzweigenden Weg ein, der uns kurze Zeit später zu dem noch von dem Alaunbergbaubetrieb stammenden Waldeisenbahnweg führt. Dieser unmarkierte Weg bringt uns links schnell zu dem von Eichen und Nadelbäumen umgebenen *Weinbergteich.* Unser rechts daran vorbeilaufender Wanderweg folgt nun immer dem nach Nordosten führenden Buchenweg (Hauptweg). Etwas später (8,9 km) sollten wir uns auf dem links abzweigenden, mit schmalen Stufen versehenen Pfad einen kleinen Abstecher zu dem ehemaligen Alauntagebau leisten. Hier zeigt sich trotz des ungepflegten Zustandes noch einmal voller Deutlichkeit, wie Pückler die Überbleibsel des Alaunbergbaubetriebes in seine Gartengestaltung einbezog.

Der weitere Weg führt uns unmittelbar bei dem ehemaligen Eisenvitriolbrunnen (9,7 km) nach links zum *Badepark*, später entlang eines bewaldeten Hanges und vorbei an den teilweise nur noch als Ruinen vorhandenen Gebäuden der *Kureinrichtungen* direkt zu dem Wanderziel Bad Muskauer Markt.

57 Raddusch - Leipe - Lehde - Lübbenau

Verkehrsmöglichkeiten Nahverkehrszug Berlin-Cottbus.
Parkmöglichkeiten Am Bahnhof Lübbenau.
Wegmarkierung Vorwiegend gelber Balken.
Tourenlänge Etwa 13,2 km. **Wanderzeit** 3 1/4 Stunde.
Höhenunterschiede Keine.
Wanderkarte TK 1 : 50 000 Cottbus, Blatt M 33-5 und Lübben, Blatt M 33-4; 1 : 200 000 Generalkarte Blatt 35.
Wissenswertes Das Spreewalddorf *Raddusch* liegt auf einer mächtigen Grundmoränenplatte. Im Dorf selbst stehen noch

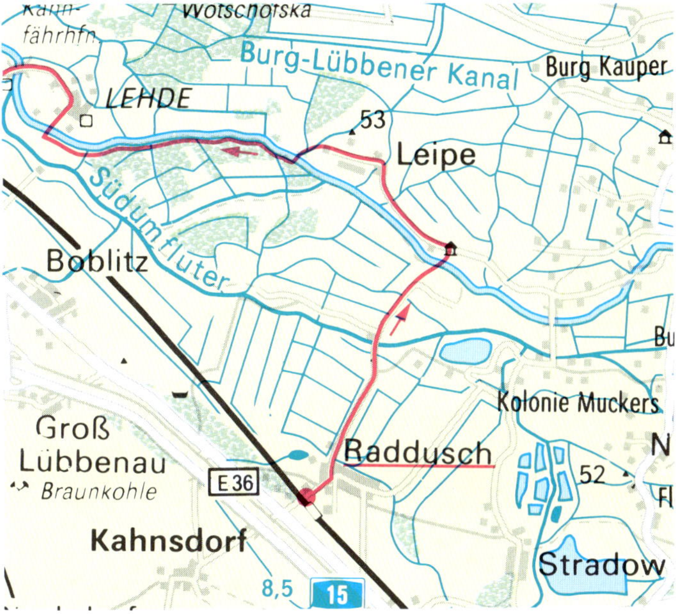

zahlreiche Backsteinbauten aus dem 19. Jh. mit hübschen Verzierungen aus gleichem Material. – Auch das durch das Großfeuer vom 24. Juni 1791 völlig vernichtete *Leipe* besitzt noch einige sehenswerte typische Spreewälder Blockhäuser. Lange Zeit war das Dorf nur mit dem Kahn erreichbar. Erst 1936 wurde es durch einen Fußweg mit Lübbenau und 1969 durch eine Straße mit Burg verbunden. – Fontane, der 1859 auch eine Kahnfahrt nach Leipe unternahm, schrieb: »Bei guter Zeit erreichten wir Leipe, ein zweites Dorf-Venedig, das uns den Wunsch auf die Lippen legte, ›wenn man nicht in Lehde wäre, möchte man in Leipe sein‹«.

Anmerkungen Die teilweise recht sonnige Wanderung läßt sich zu fast jeder Jahreszeit durchführen. Nur bei Frostwetter wäre wegen des problematischen Spreeüberganges bei der Dubkowmühle davon abzuraten. – Kraftfahrer können ihr Fahrzeug in Lübbenau parken und von dort die eine Haltestelle bis Raddusch mit der Bahn fahren.

Tourenbeschreibung Vom Bahnhof geht es durch den hübschen Ort nach Osten bis zum *Dorfplatz*. Dort wenden wir uns nach links und biegen in den Buschmühlenweg ein. Der Wanderweg folgt nun der Hauptstraße nach Osten. Wir überschreiten eine Brücke (1 km), verlassen den Ort und wandern auf der asphaltier-

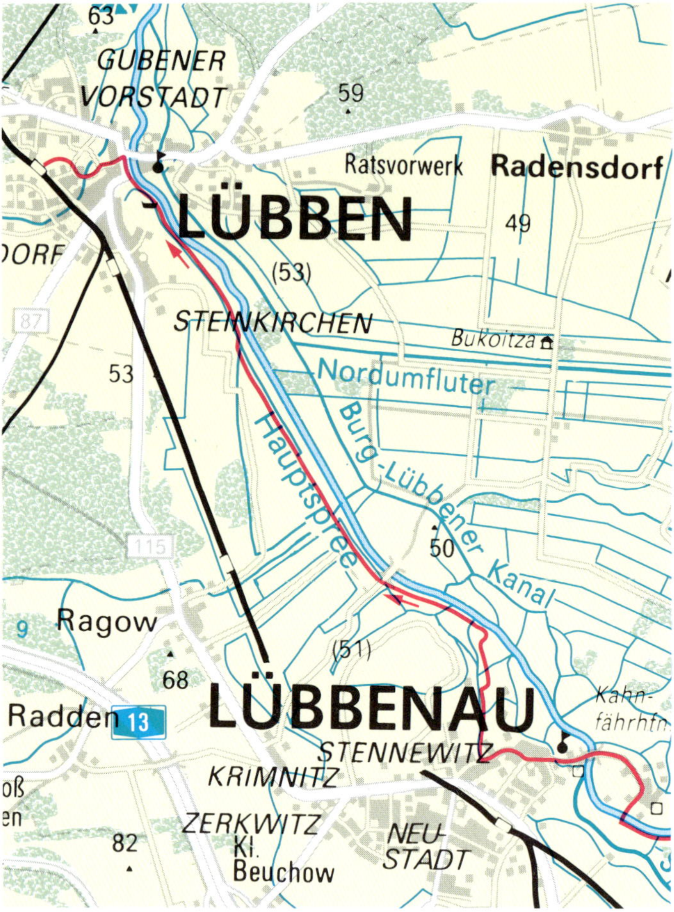

ten Straße durch eine anmutige Weidelandschaft in nordöstlicher Richtung bis zur unbewohnten *Radduscher Buschmühle* (2,6 km), die auf einer Grundmoräneninsel liegt. – Die in der Mitte der zweiten Hälfte des 18. Jh. erbaute Mühle wurde bis 1930 mit einem unterschlächtigen Mühlrad und bis 1952 elektrisch betrieben.

Unser grün markierter Wanderweg passiert unmittelbar danach das Leineweberfließ (Radduscher Grobla) und wenig später den alten Bahndamm des hier vorwiegend für den Torftransport genutzten Teilstückes der 1000-mm-Spreewaldbahn. Bei der nächsten scharfen Linkskurve (4 km) schlagen wir, ohne die etwas verwirrende Markierung zu beachten, von den auf der rechten Seite abgehenden beiden Wegen den äußerst rechten in nordöstlicher Richtung ein.

Der Wanderweg bringt uns nach einem vorsichtigen (!) Passieren der Schleuse in kurzer Zeit zur reizvollen *Dubkowmühle* (4,8 km). Die seit 1701 bestehende, auf einem Talsandhorst errichtete Wassermühle diente ehemals vorwiegend der Mehlgewinnung und der Herstellung des berühmten Spreewälder Leinöls. Erst 1923 entstand mit dem einsetzenden Fremdenverkehr daraus eine gern besuchte Ausflugsgaststätte. - Der von hier an gelb markierte Wanderweg folgt der Landstraße durch eine unverkennbare Spreewaldlandschaft bis nach *Leipe* (5,9 km). Das weit auseinander gezogene Spreewalddorf wird in seiner gesamten Länge durchquert.

Wir wandern dann entlang einer prachtvollen Birkenallee auf dem 1936 durch den Arbeitsdienst angelegten Wanderweg bis zum gut bezeichneten Lehderabzweig (11 km). Von dieser Stelle sind es noch 500 m bis zur berühmten, ganz im Zentrum von *Lehde* liegenden Gaststätte *»Zum fröhlichen Hecht«*. Anschließend folgen wir der durch das Dorf führenden asphaltierten Straße ohne Anstrengung bis Lübbenau (siehe Route 51).

58 Lübbenau - Hauptspree - Lübben

Verkehrsmöglichkeiten Siehe Route 51.
Parkmöglichkeiten Bahnhof Lübben.
Wegmarkierung Weitgehend roter Balken.
Tourenlänge Etwa 14,5 km.
Wanderzeit 3 1/2 Stunden.
Höhenunterschiede Keine.
Wanderkarte TK 1 : 50 000 Lübben, Blatt M 33-4; 1 : 200 000 Generalkarte Blatt 35.
Wissenswertes *Lübbenau* siehe Route 51 - *Lübben* liegt am wichtigen Spreeübergang und bildete lange Zeit das Zentrum der Mark Lausitz bzw. der Niederlausitz. Es gehörte zunächst den Wettinern, später auch den Askaniern und Wittelsbachern, schließlich fiel der Ort an Böhmen (1373-1635). Im Dreißigjährigen Krieg kam es nach der Achterklärung des Kurfürsten Friedrich V. an Kursachsen (1623/35), wo es dann bis 1815 blieb. Nach dem Wiener Kongreß wurde es 1815 Preußen (Provinz Brandenburg) zugesprochen. Mit der Auflösung von Preußen (1945) kam

es zu Brandenburg und später zum Bezirk Cottbus. – Durch Kriegszerstörungen und den nachfolgenden ziellosen Neubau wurde der mittelalterliche Charakter völlig zerstört. Gut erhalten hat sich – bis auf den 1945 völlig ausgebrannten Turm – die im Innern reich ausgestattete Stadtkirche St. Nicolaus (seit 1931 Paul-Gerhardt-Kirche). Wohl ihr berühmtester Prediger, der lutherische Kirchenliederdichter Paul Gerhardt (1607–76), wirkte von 1669 bis zu seinem Tode 1676 als Archidiakon an der Kirche. Ein vor der Kirche stehendes Bronzedenkmal erinnert noch an seine Amtszeit. – Das älteste Bauwerk der Stadt ist der zum Schloß gehörende Wohn- und Wehrturm, der vielleicht noch von der um 1368 erbauten Wasserburg stammt und mit 2½ m dicken Mauern versehen ist. – Auf dem Gelände des Schlosses befindet sich das 1679–82 erbaute dreigeschossige, mit prachtvollen Ostgiebel und einem Sandsteinportal mit sächsischem Wappen versehene Oberamtshaus sowie das unmittelbar daneben stehende Ständehaus von 1717–22. – Teilweise recht gut erhalten sind auch die am Spreeufer liegenden Reste der um 1480 errichteten Stadtbefestigung. – An die sächsische Zeit erinnert noch die sandsteinerne Postmeilensäule (Distanzsäule) von 1735 (1966 durch eine Kopie ersetzt).

Anmerkungen Kraftfahrer können ihr Fahrzeug in Lübben parken und von dort zwei Haltestellen bis Lübbenau mit der Bahn (relativ gute Zugverbindung) fahren.

Tourenbeschreibung Vom Bahnhof wandern wir in Richtung der weithin sichtbaren Kirche, biegen dann am *Markt* links in die Ehm-Welk-Straße und später rechts in die *Lange Straße* ein, die mit einem Wegweiser nach Lübben markiert ist, folgen nach einer Brücke dem rechts an einer Konservenfabrik vorbeiführenden Weg bis zu dem zweiten Weg, der nach der Brücke rechts abgeht. Auf ihm wird in kurzer Zeit der Deich(Damm) des *Ballacefließes* erreicht, der dem Überschwemmungsschutz dient. Der hübsche Weg verläuft nun weitgehend am Fließ. Nur stellenweise verläßt er, um Hindernissen auszuweichen, den Damm. Bald kommen wir zur *Zerkwitzer Kahnfahrt*, einer von den Zerkwitzern und Kleedenern gemeinsam genutzten und mit einer Freiheit ausgestatteten Verbindung zu den nördlichen Spreewalddörfern.

Nach Erreichen der *Hauptspree* (3,3 km) folgen wir dem ständig am linken Ufer verlaufenden Wanderweg, der zunächst durch ein kleines Waldgebiet mit Eichen und Pappeln und später auch durch eine Wiesenlandschaft verläuft. Der Weg bringt uns vorbei an einem Wehr, bald über die *Ragower Kahnfahrt* (6,6 km) zu der schon aus der Ferne sichtbaren *Feldstation* (9,5 km), die zum westlich gelegenen Steinkirchen gehört. Bald erreichen wir die ehemals beliebte Ausflugsgaststätte und jetzige Jugendherberge *»Zum Wendenfürst«*. Von hier wandern wir am Freibad vorüber zum *Lübbener Fährhafen* (12,3 km) und weiter bis zum beachtenswerten Schloß mit dem dicken Wohnturm. Von hier geht es zur nicht minder sehenswerten *Paul-Gerhardt-Kirche*, welche das Grab des Liederdichters beherbergt. Bei Überquerung der *Hauptspree* schenken wir den Befestigungsanlagen unsere Aufmerksamkeit und schreiten auf dem Fußgängerboulevard bis zum *Großen Hain*, einem parkähnlichen Wald. Der Weg passiert danach die Berste, einen Nebenfluß der Spree, folgt den Parklaternen und führt uns zunächst links, dann geradeaus direkt zum Ziel der Wanderung, den Lübbener Bahnhof.

Anschriftenverzeichnis

Deutsches Jugendherbergswerk
Bismarckstraße 8, *W-4930 Detmold*

Deutsches Jugendherbergswerk
Landesverband Berlin-Brandenburg e. V.
Tempelhofer Ufer 32, *W-1000 Berlin 61*

Touristenverein »Die Naturfreunde«
Bundesgruppe Deutschland
Großglocknerstraße 28, *W-7000 Stuttgart 60*

Deutsche Wanderjugend
Wilhelmstraße 39, *W-7263 Bad Liebenzell*

Jugendherbergen

Bitte setzen Sie sich mit den zuständigen Landesverbänden des DJH in Verbindung und erbitten Sie das neueste Anschriftenverzeichnis.

Spreeschleuse (Foto: Michael Biedowicz)

Adressen der Campingplätze

O-1301 *Altenhüttendorf*
E/55 am Sassenpfuhl

O-1301 *Altenhüttendorf*
E/56 Am Tiefen Bugsinsee

O-1242 *Bad Saarow-Pieskow*
E/30 Am Westufer des Scharmützelsees

O-1168 *Berlin-Müggelheim*
I/1 Große Krampe I

O-1168 *Berlin-Müggelheim*
I/10 Krampenburg

O-1168 *Berlin-Müggelheim*
I/2 Große Krampe II
O-1168 *Berlin-Müggelheim*
I/3 Hirtenwiese am Langen See

O-1168 *Berlin-Müggelheim*
I/4 Kleiner Müggelsee

O-1186 *Berlin-Schmöckwitz*
1/6 Am Krossinsee

O-1186 *Berlin-Schmöckwitz*
1/7 Am Zeuthner See I

O-1186 *Berlin-Schmöckwitz*
1/8 Am Zeuthner See II

O-1186 *Berlin-Schmöckwitz*
Intercamping am Krossinsee

O-1602 *Bestensee*
D/70 Am Tonsee

O-1301 *Brodewin*
E/54 Igernde

O-1231 *Chossewitz*
Am Chossewitzer See

O-1234 *Dahmsdorf*
E/5 Am Storkower See

O-1301 *Eichhorst*
E/23 »An den Röthen«

O-1301 *Eichhorst*
E/26 »Süßer Winkel« Am Südufer des Werbellinsees

Zu Tour 8 **Schiffshebewerk Niederfinow** (Foto: Margit Rössler)

O-1601 *Gräbendorf*
D-61 Am Nordwestufer des Hölzernen Sees

O-1601 *Gräbendorf*
D/66 An der Schmölde

O-1601 *Gräbendorf-Dubrow*
D/64 Am Nordufer des Hölzernen Sees

O-1604 Groß Köris
D/171 Glanzgarten am Klein Köriser See

O-1604 *Groß Köris / Rankenheim*
D/59 Am Schweriner See

O-1604 *Groß Köris / Wilhelminhof*
D/58 am Groß Köriser See

O-1604 *Groß Köris*
D/60 Am Tonsee

O-1252 *Grünheide*
E/33 Am Südufer des Möllensees

O-1252 *Grünheide*
E/33 Am Südufer des Möllensees

O-1252 *Grünheide*
E/37 Am Nordufer I des Möllensees

O-1252 *Grünheide*
E/38 Am Nordufer II des Möllensees

O-1244 *Hangelsberg*
E/33 An der Spree

O-1271 *Hermsdorf / Obersdorf*
E/45 Am Großen Klobichsee

O-1304 *Joachimsthal*
E/25 »Am Spring«. Am Westufer des Werbellinsees

O-1304 *Joachimsthal*
E/31 Voigtwiese am Nordostufer des Werbellinsees

O-1261 *Kagel*
E/40 Am Kiessee

O-1631 *Kallinchen*
D/156 Am Südwestufer des Motzener Sees

O-1241 *Kolpin*
E/1 Am Großen Kolpiner See

O-1281 *Lanke*
E/18 Am Nordostufer des Liepnitzsees

O-1281 *Lanke*
E/19 Liepnitzsee, Insel

O-1231 *Limsdorf*
E/10 Am Springsee

O-1231 *Limsdorf*
E/51 Am Grubensee

O-7550 *Lübben*
Am Burglehn

O-1203 *Müllrose*
E/28 Am Ostufer des Großen Müllroser Sees

O-1231 *Ranzig*
E/13 Am Ranziger See

O-1291 *Schönwalde*
E/20 Am Gorinsee

O-1609 *Senzig*
D/67 Am Südufer des Krüppelsees

O-1241 *Spreeau*
E/41 Am Störitzsee

O-1291 *Stolzenhagen*

E/22 Zwischen Stolzenhagener und Wandlitzsee

O-7551 *Straupitz*
Z/18 Am Byhleguhrer See

O-1612 *Teupitz*
D/170 Am Ortseingang Neuendorf

O-1612 *Teupitz*
D/71 Am Nordwestufer des Teupitzer Sees

O-1311 *Tiefensee*
E/3 Am Nordufer des Gamensees

O-1431 *Tornow*
D/34 Am Wentowsee

O-1601 *Tornow*
D/68 Am Tornower See

O-1234 *Wendisch Rietz*
E/17 »Schwarzhorn« Am Westufer des Scharmützelsees

O-1255 *Woltersdorf*
E/42 Am Ostufer des Flakensees

O-1255 *Woltersdorf*
E/43 Am Westufer des Flakensees

Zu Tour 30 **Dahmsdorfer Dorfkirche** (Foto: Manfred Feller)

Ostseeküste, Rügen und Usedom

Rund- und Streckenwanderungen im Klützer Winkel, zwischen Salzhaff und Warnow-Mündung, in der Rostocker Heide und auf Rügen. Beschrieben von *Hildegard Frey* und *Professor Dr. Wolfgang Frey*.

Thüringer Wald 1

Rund- und Streckenwanderungen im westlichen und mittleren Thüringer Wald und im Vorland sowie Rennsteig in 6 Etappen. Abgewandert und beschrieben von *Dr. Irene Löffler*.

Sächsische Schweiz

Schönster Teil des Elbsandsteingebirges; Rundwanderungen und Naturlehrpfade. Beschrieben von *Winfried Schwarzer*.

Erzgebirge

Rund- und Streckenwanderungen. Abgewandert und beschrieben von *Hans-Gerd Türke*.

Oberlausitz

Rund- und Streckenwanderungen. Abgewandert und beschrieben von *Walter Sprigade*.

KOMPASS Wanderführer

Ostseeküste/Rügen

Rund- und Streckentouren an der Küste, auf Rügen und Usedom u. v. m. Beschrieben von *Hildegard Frey* und *Professor Dr. Wolfgang Frey*.

Thüringer Wald

und Thüringer Schiefergebirge. Die schönsten Rund- und Streckentouren. Ausgewählt, abgeradelt und beschrieben von *Hildegard Frey* und *Professor Dr. Wolfgang Frey*.

Mark Brandenburg (Ost)

Rund- und Streckentouren in der Schorfheide, im Oderbruch, auf dem Barnim, in der Märkischen Schweiz. Ausgewählt, abgeradelt und beschrieben von *Günter Ermlich*.

Mecklenburg und Vorpommern

Rund- und Streckentouren um Schwerin, im Mecklenburgischen Hügelland, Großseenlandschaft, Neustrelitzer Kleinseenplatte, Neubrandenburg. Ausgewählt, abgeradelt und beschrieben von *Erich Hobusch*.

wandern+ radwandern

Die zuverlässigen, tausendfach bewährten Wegweiser mit der Marke ›Kompass‹ und dem roten Punkt

Die schönsten Wanderungen

Ahrgebirge/Osteifel
Allgäu I:
Ober-Ostallgäu
Allgäu II:
Region Westallgäu
Altmühltal/
Frankenalb Süd
Bayerischer Wald
Berchtesgadener Land
Bergisches Land
Berlin/West
Bodensee
Dresden
Deutsch-Belgischer
Naturpark
Eifel (gesamt)
Ems – Weser
Erzgebirge
Fichtelgebirge
Großer Fränkische-
Schweiz-Führer
Fränkische Schweiz/
Frankenalb Nord
Frankenwald
Frankfurt-Offenbach
Hamburg
Harz
Hohenlohe mit
Georg-Fahrbach-Weg
Hohes Venn
Holsteinische Schweiz
Hunsrück
Lüneburger Heide
Mark Brandenburg
Mittelrhein
Mosel, Wanderregion
Münsterland
Niederrhein
Oberbayern I:
Bayr. Voralpen/West
Oberbayern II:
Bayr. Voralpen/Ost
Oberlausitz
Oberschwaben
Odenwald
Ostfriesland
Ostseeküste/Rügen
Pfalz
Großer Pfalz-Führer
Rhön mit Vogelsberg
Saarland
Sächsische Schweiz
Sauerland
Schönbuch mit
Stuttgart
Schwäbische Alb
Schwäbischer Wald
Schwarzwald Nord
Schwarzwald Mitte:
Kinzig – Feldberg
Schwarzwald Süd:
Feldberg – Rhein
Spessart
Taunus
Teutoburger Wald
Thüringer Wald 1
Thüringer Wald 2
VVS-Wanderführer
Stuttgart
Weser-Leine-
Bergland
Westerwald

Streckenwanderwege

Albrandweg
Lech
Mainwanderweg
Main-Neckar-Rhein-
Wanderweg
Moselhöhenwege
Rheinhöhenwege
Sauerland-Höhenring
Schwarzwaldhöhenwege
Fernwanderwege im
Voralpenland
Westpfalz-Wanderwege

Europäische Fernwanderwege

Lexikon Europäische
Fernwanderwege

E 1: Flensburg –
Genua
E 3: Böhmerwald –
Atlantik
E 4: Pyrenäen –
Neusiedler See
E 5: Bodensee – Venedig
Große Wanderwege –
Übersichtskarte
Europäische Fernwanderwege u.a.m.
1:550000 BRD

Wandern in Europa

Dolomiten
Harz-Niederlande-Wanderweg
Kanarische Inseln
Teneriffa
Luxemburg
Riesengebirge
Tschechoslowakei
Vogesen Nord
Vogesen Süd
Trentino Ost
Trentino West

Wanderbares Österreich

Burgenland
Kärnten
Oberösterreich
Salzburger Land
Tirol
Osttirol
Vorarlberg
Wien, Wanderregion

Die schönsten Radtouren

Allgäu/Bodensee
Altmühltal/Frankenalb Süd
Bayerischer Wald
Bergisches Land mit Siegerland
Berlin/West
Donau
Eifel
Fränkische Schweiz/Frankenalb Nord
Harz/Weser/Leine
Hamburg/Umland
Hohenlohe/Taubergrund
Hunsrück/Saarland
Inn
Kurhessen-Waldeck
Lüneburger Heide mit Wendland
Mark Brandenburg West
Mark Brandenburg Ost
Mecklenburg-Vorpommern
Münsterland
Niederrhein 1
Niederrhein 2
Oberrhein – Elsaß I: Heidelberg – Straßburg
Oberrhein – Elsaß II: Straßburg – Basel
Oberschwaben/Bodensee
Odenwald
Ostfriesland und Unterweser
Ostsee und Holsteinische Schweiz
Ostseeküste/Rügen
Rheinhessen – Pfalz
Mit der S-Bahn an Rhein und Ruhr
Rhön/Vogelsberg
Romantische Straße
Ruhrgebiet
Sauerland
Schwäbische Alb
Schwäbischer Wald/Neckarland
Schwarzwald
Spessart/Kinzigtal/Fränkisches Weinland
Taunus/Wetterau
Teutoburger Wald
Thüringer Wald
Voralpenland I: Iller – Donau – Lech
Voralpenland II: Lech – Donau – Salzach
Westerwald
Rad-Deutschland-Tour: Von JH zu JH (West)
Radfernwandertouren Deutschland (West)
Balearen
Dänemark
Frankreich
Loire
Niederlande
Rhône
Tour de Ländle I
Tour de Baden-Württemberg

DJH-Wegweiser

Wandern mit Kompaß und Karte
Spuren der Römer im Rheinland
Spuren der Römer: Rhein – Main
Spuren der Römer: Main – Rems
Spuren der Römer: Rems – Donau
Wandern mit Kindern und Jugendlichen
Wandern gut geplant und vorbereitet
Radwandern gut vorbereiten
Kinder und Jugendliche im Gebirge
Rund um JH: Bayrische Alpen
Rund um JH: Allgäuer Alpen/Bayr. Schwaben
Rund um JH: Hunsrück/Nahe
Rund um JH: Pfalz
Rund um JH: Vulkaneifel/Südeifel
Rund um JH: Saarland
Rund um Alpenvereinshütten

... rund um Jugendherbergen: Bayrische Alpen

Tips für Tips: Ausflugsziele, Wanderungen, Radtouren. Ausgewählt und beschrieben von *Veit Metzler.*

Wandern mit Kindern und Jugendlichen

Spiele, Abenteuerwanderungen, Wander-Rallye und viele weitere Möglichkeiten.

Wandern mit Kompaß und Karte

und anderen Hilfsmitteln zur Orientierung. Beschrieben von *Heinrich Streich.*

Mit Kindern und Jugendlichen im Gebirge

Mit Gruppen im Gebirge – mit der Klasse unterwegs – praktische Tips, Ratschläge und Planungshilfen für Touren.

Radwandern gut vorbereiten Technik – Planung – Tips

Rund ums Rad. Kleine Geschichte des Fahrrads. Das Fahrrad in seinen Einzelteilen.

Wandern gut geplant und vorbereitet

Ratgeber und Wanderregeln. Von *Friedrich Schuhmacher.*

Auf den Spuren der Römer im Rheinland

Ausflüge zu den Überresten aus römischer Zeit. Beschrieben von *Werner Schönhofen.*

Auf den Spuren der Römer vom Main zur Rems

44 Rundwanderungen. Beschrieben von *Karlheinz Eckardt.*

Auf den Spuren der Römer von der Rems zur Donau

44 Rundwanderungen. Beschrieben von *Karlheinz Eckardt.*

Auf den Spuren der Römer vom Rhein zum Main

37 Rundwanderungen. Beschrieben von *Karlheinz Eckardt.*

Lexikon Europäischer Fernwanderwege

Zum Planen einer Wanderung, zum Nachschlagen unterwegs, viele praktische Ratschläge. Von *Alfred Herold, Gert Quenzer.*

Die Deutsche Wanderjugend (DWJ) ist die Jugendorganisation des Verbandes Deutscher Gebirgs- und Wandervereine. Die jugendlichen Mitglieder von sechs bis 25 Jahren pflegen natürlich das Wandern in kind- und jugendgerechten Formen. Die Deutsche Wanderjugend wanderte schon lange aus Freude an der Natur und aus Spaß, bevor das „Volkswandern" erfunden wurde. Die Kinder und Jugendlichen bei der Wanderjugend lernen, wie man richtig wandert, erfahren alles über eine wandergerechte Ausrüstung von den Wanderschuhen bis zum Rucksack und üben den Umgang mit Kompass und Karte.

Wandern ist aber nur ein Teil der Aktivitäten. Die Jugendarbeit der Deutschen Wanderjugend umfaßt ein viel breiteres Angebot. Die Jugendgruppen der Wanderjugend legen die Inhalte und Schwerpunkte ihrer Arbeit selbst fest. Im Rahmen einer sinnvollen aktiven Freizeitgestaltung werden in der Gruppenarbeit oft musisch-kulturelle Aktivitäten bevorzugt: Basteln, Werken, Pantomime, Laienspiel, kreatives Gestalten, Singen und Instrumentalspiel, Volkstanz. Die vielfältige Bildungs- und Jugendarbeit der Deutschen Wanderjugend erstreckt sich auf Freizeiten, Fahrten, Zeltlager, Lehrgänge zur politischen Bildung, internationale Jugendbegegnungen.
Eine wichtige Aufgabe stellt der aktive Natur- und Umweltschutz für die Wanderjugend dar. Dabei steht v. a. die Erziehung und Bildung der Kinder und Jugendlichen zum umweltbewußten Menschen im Vordergrund.

Wer mehr über uns, die DWJ, wissen will, schreibt an die
DWJ-Bundesgeschäftsstelle, Wilhelmstraße 39, D-7263 Bad Liebenzell.